MON PETIT LIVRE DES

CRISTAUX

MON PETIT LIVRE DES

CRISTAUX

La magie
des pierres
de soins

EMILY ANDERSON

LE COURRIER DU LIVRE
27, rue des Grands-Augustins
75006 Paris

À mes garçons Jake et Ethan

Titre original : *The Essential Book of Crystals*
Publié pour la première fois en anglais par Sirius Publishing,
une marque d'Arcturus Publishing Limited

Traduit de l'anglais par Sarah Idrissi
ISBN : 978-2-7029-2062-6

Imprimé en Chine

www.editions-tredaniel.com
info@guytredaniel.fr
www.facebook.com/editions.tredaniel
@le_courrier_du_livre

Sommaire

Introduction

Les *lithothérapeutes* pensent que la terre contient en son sein la sagesse pour aider à guérir nos maux modernes. Contemplez un instant une géode d'améthyste étincelante ou prenez dans la main un galet de jade parfaitement lisse, et ces personnes vous diront que vous ne verrez pas seulement la beauté de la pierre, mais que vous ressentirez l'énergie qu'elle émet.

On dit qu'une pierre bien placée peut nous aider à stimuler l'énergie d'un lieu, calmer nos enfants et nous permettre de dormir d'un sommeil réparateur. Utilisés depuis des siècles à travers le monde pour l'aide à la guérison, la voyance, la décoration, ou le développement spirituel, les cristaux possèdent un pouvoir et un attrait intemporels.

De nos jours, nous les utilisons dans nos bouteilles d'eau, dans les soins et pour contrecarrer les effets des champs magnétiques présents dans la vie moderne. Ces alliés minéraux ne cessent de captiver notre imagination et de nous offrir des voies tangibles de connexion aux royaumes spirituels.

Ce livre vous montrera comment les pierres peuvent vous aider à vous ancrer, vous donner de l'énergie et ouvrir votre intuition. Lorsqu'elles sont placées au bon endroit de votre maison on leur prête d'attirer l'abondance, l'amour ou les pouvoirs psychiques. Avec la bonne intention, de la concentration, un bon placement et en y croyant, vous pouvez utiliser les cristaux pour créer de la vraie magie dans votre vie.

Cependant, il convient de dire ici que les idées et les suggestions contenues dans ce livre relèvent du domaine spirituel et ne sont pas destinées à se substituer à la médecine conventionnelle. Consultez toujours votre médecin avant d'entreprendre une thérapie alternative, afin de vous assurer qu'elle ne présente pas de contre-indication pour votre santé.

Histoire de l'utilisation des cristaux

Les pierres ont toujours été prisées par la noblesse ; elles étaient utilisées dans les sortilèges par les sorcières et les mystiques, et tenues en haute estime pour leur beauté et leurs vertus énergétiques. Jusqu'à l'époque médiévale, les vêtements – en particulier ceux des soldats et des explorateurs – étaient ornés d'amulettes puissantes tissées dans leur fibre pendant que l'on chantait des incantations, pour protéger celui qui les portait et aider les blessures à guérir plus rapidement. Au Moyen Âge, des pierres précieuses étaient placées sur les sanctuaires des saints et on leur prêtait des pouvoirs magiques et religieux. Dans la cathédrale Saint-Paul de Londres, on disait que le saphir du sanctuaire de saint Erkinwald aidait à guérir les maladies oculaires des visiteurs.

Les Premières Nations américaines croyaient que les énergies positives des gemmes pouvaient être transmises d'une espèce à une autre, de la pierre à l'homme ou à l'animal, dans ce qu'ils appelaient un cercle sacré ou cercle d'existence. Ces sociétés traditionnelles pensaient que les gemmes étaient conscientes. Selon eux, leurs énergies interactives

Lapis-lazuli utilisé dans une représentation de l'œil d'Horus pour un collier de femme dans l'Égypte ancienne.

et de soutien amplifiaient et aiguisaient nos capacités innées d'aide à la guérison et d'intuition.

La Genèse dans l'Ancien Testament fait l'une des premières références à une pierre appartenant à Abraham. Cette pierre était censée aider à guérir sur-le-champ toute personne malade qui la regardait. On trouve dans le *Papyrus Ebers*, datant d'environ 2500 av. J.-C., une énumération des propriétés curatives de certaines pierres précieuses. Ainsi, les rubis aidaient à soigner les maladies du foie et de la rate, le lapis-lazuli était transformé en baume pour les yeux, tandis que l'on faisait appel aux émeraudes pour soigner la dysenterie.

Même Platon, le philosophe grec qui vécut de 427 à 347 av. J.-C., parlait des cristaux comme étant fabriqués par les étoiles, et des planètes qui transforment la matière en décomposition en pierres précieuses, et qui étaient ensuite régies par ces planètes. Si le Soleil se trouvait dans une certaine constellation et la Lune ou une autre planète en ascension au moment de la gravure d'un cristal, cela en augmentait la puissance. On dit des gemmes comme la pierre de lune ou la topaze qu'elles renforcent leur puissance pendant une lune gibbeuse croissante. Elles atteindraient ainsi le plus haut de leurs propriétés d'aide à la guérison quand la lune est pleine.

Les Égyptiens antiques, les Chinois et les alchimistes jusqu'au XVIIIe siècle ajoutaient des pierres broyées aux médicaments, croyant fermement en leurs propriétés de d'aide à la guérison physique. Plus de 200 gemmes et cristaux pouvant être employés pour l'aide à la guérison sont répertoriés dans le *De Materia Medica* du pharmacien grec Dioscoride. De même, le premier chroniqueur romain, Pline, inclut des enseignements ancestraux sur les pierres dans son *Histoire naturelle* et développa la théorie selon laquelle la taille et la substance des minéraux spécifiques étaient importantes dans leur emploi pour aider à guérir de différentes maladies. Malgré la disparition d'autres formes de pratiques de médecine traditionnelle, l'aide à la guérison par les pierres est restée populaire bien plus longtemps.

La taille a-t-elle une importance ?

De nombreux cristaux ont des champs d'énergie électromagnétique qui les font s'apparenter à des aimants. Une pierre plus grosse peut transmettre plus d'énergie, mais un cristal plus petit émettra tout aussi efficacement son énergie si on le charge d'une intention consciente et par une directive claire, lorsque l'on s'est perfectionné dans ce domaine. Travailler avec des pierres plus petites est simplement plus pratique, en particulier lorsqu'on a besoin de les disposer sur le corps, ou bien si on veut les avoir sur soi ou les porter comme talisman magique.

Dans une maison spacieuse, vous pouvez placer un grand cristal dans le coin d'une pièce ou bien lui dédier un petit appui de fenêtre comme montré ici. Ces deux options sont belles et efficaces.

La plupart des experts et des praticiens s'accordent à dire qu'une pierre possède des propriétés d'aide à la guérison, peu importe sa taille, qu'elle soit polie ou brute. Il est clair que les anciens n'utilisaient que les pierres brutes trouvées dans des grottes, au plus

profond de la terre, alors qu'aujourd'hui, on peut facilement acheter des géodes brillantes, en forme de dôme ou de plus petits galets parfaitement lisses.

Vous pouvez vous procurer du quartz rose en forme de cœur ou une pyramide de quartz blanc. Même si une baguette de cristal taillée en pointe dirigera mieux l'énergie, qu'une pierre ait une texture rugueuse ou lisse n'a pas d'importance en termes de pouvoir.

Peu importe leur forme ou leurs dimensions, les propriétés d'aide à la guérison et de transformation de la pierre viennent du cristal lui-même et non de sa taille ; tout vient de la manière dont vous les employez. L'amour et une intention claire et positive magnifient les bienfaits de n'importe quelle pierre lorsque vous l'utilisez. Il suffit de s'assurer qu'elles sont aussi proches que possible de véritables cristaux naturels, car il existe actuellement de nombreuses imitations.

Les pierres trouvées dans la nature ont des défauts et une coloration inégale. Elles changent au fil du temps, se ternissent, se troublent ou se veinent à mesure de leur utilisation au fil des années. Ces gemmes se développent naturellement au plus profond de la terre, dans les rivières ou les falaises, sur une longue période sans aucune intervention humaine. On trouve des types de cristaux spécifiques dans des endroits particuliers ; par exemple, la turquoise se trouve dans les zones désertiques et est créée lorsque l'eau interagit avec des minéraux contenant du cuivre, de l'aluminium et du phosphore. Elle est assez rare et donc généralement très chère. Ne tombez pas dans le piège en pensant qu'une howlite, moins chère, qui a été teintée pour ressembler à la turquoise, sera aussi efficace. Les pierres teintées peuvent l'être de manière évidente avec des couleurs beaucoup trop vives, ou elles peuvent avoir l'air plus naturelles.

De nombreuses pierres, parmi lesquelles l'agate, la howlite, le jaspe, le quartz, la pierre dalmate et le granit, sont très souvent teintées pour améliorer leur attrait visuel, sans rien enlever à leur qualité. Pline, dans son *Histoire naturelle*, raconte que l'on faisait bouillir les pierres précieuses dans du miel pour sublimer leur apparence. La plupart des rubis et des saphirs subissent un traitement pour améliorer leur couleur, de même que l'on comble souvent les givres des émeraudes pour en améliorer l'éclat.

On trouve de plus en plus de pierres de synthèse. Ce ne sont pas à proprement parler des faux, car elles présentent les mêmes propriétés chimiques que les pierres précieuses brutes, mais elles sont créées en laboratoire dans un laps de temps très court, et leur couleur paraît souvent plus vibrante ou uniforme. Elles sont également moins chères, mais ne possèdent pas la même qualité énergétique que les pierres naturelles formées au fil des siècles par la terre.

La composition des faux cristaux n'est pas du tout la même. Ils ont généralement l'air trop parfaits et peuvent être moulés à partir de plastique, de résine, de céramique ou même de cailloux peints, et conçus pour avoir le même aspect que les vrais cristaux. S'il y a des bulles dans la gemme, il est probable qu'il s'agisse de verre. Les composites sont d'autres formes d'imitation des cristaux, qui consistent à recouvrir du verre ou une autre pierre d'une couche du vrai minéral.

La meilleure façon d'éviter tout ce qui n'est pas authentique est de vous fournir dans des magasins de pierres réputés ou chez des experts de confiance. Demandez d'où vient le minéral que vous aimez et examinez-le de très près. Vérifiez son apparence et, surtout, ce qu'il vous fait ressentir.

Choisir vos pierres - ou plutôt les laisser vous choisir

Faites des recherches sur internet ou dans des livres, ou tout simplement allez flâner dans un magasin spécialisé, et vous remarquerez que vous êtes bien plus attiré par certaines pierres que par d'autres. Ce sont celles qu'il vous faut. Si vous en saisissez une et que vous ne parvenez pas à la reposer, achetez-la si possible, car elle correspond parfaitement à vos besoins et vos envies du moment.

Nettoyer et charger vos cristaux

Les cristaux captent naturellement l'énergie de leur environnement et de tous ceux qui les manipulent. Avant de les utiliser, vous devez donc les nettoyer – et au moins une fois par mois, voire davantage si vous les employez pour des séances de soins intenses – pour qu'ils continuent à fonctionner à leur puissance optimale.

Il existe de nombreuses façons de nettoyer un cristal, et certaines sont très spécifiques à chaque pierre. Vérifiez d'abord que la méthode que vous choisissez n'endommage pas votre pierre ; certaines sont délicates et peuvent entre autres se désintégrer dans l'eau salée, ou se décolorer sous l'effet d'une trop forte exposition au soleil. Voici les principales méthodes de nettoyage des cristaux :

✧ Si votre cristal est dur et ne risque pas d'être endommagé par l'eau, un moyen rapide de le nettoyer est de le maintenir sous l'eau courante pendant quelques minutes ou bien de le plonger dans la mer ou dans une rivière.

✧ La plupart des cristaux se rechargent à la lumière de la pleine lune ou du soleil. Laissez vos gemmes à l'extérieur une nuit de pleine lune et le jour qui suit afin qu'elles se chargent d'éclat lunaire et de lumière solaire.

✧ Mettez vos cristaux dans un bocal d'aromates communément utilisés pour la purification, comme le romarin, la sauge ou la lavande. Une journée passée au contact de l'une de ces plantes ou fleurs aromatiques absorbera tout miasme énergétique indésirable.

- Si vous vivez à proximité de cercles de pierre, d'anciens tumulus ou d'autres sites sacrés, emportez votre cristal sur place dès le lever du soleil et disposez-le si possible sur une pierre plate. Laissez-le reposer pendant au moins une demi-heure et les énergies négatives des gemmes s'imprégneront dans les pierres, tandis que l'énergie du lieu lui donnera du pouvoir.

- Le *smudging*, ou fumigation, qui consiste à faire s'exhaler la fumée d'un fagotin purificateur d'armoise ou de cèdre, est une méthode ancienne de nettoyage énergétique et environnemental, qui fonctionne très bien pour les cristaux. Lorsque vous avez votre bouquet de fumigation, il suffit de nettoyer chaque cristal en le couvrant de fumée pour qu'il en absorbe le parfum purifiant.

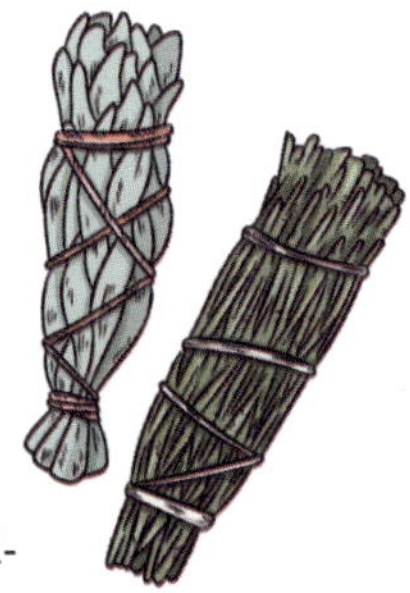

- Vous pouvez également acheter des sprays nettoyants à base de cristal dans des magasins spécialisés dans la spiritualité alternative, et en mettre une goutte ou en vaporiser sur chaque pierre devrait faire l'affaire.

Maintenant que vos pierres sont nettoyées, elles sont prêtes à être chargées avec votre intention, que ce soit pour aider à guérir les autres, pour vous connecter à votre conscience supérieure ou pour attirer certaines choses dans votre vie. Pour ce faire, il suffit de demander à votre cristal d'agir pour votre croissance personnelle ou spirituelle, et de toujours œuvrer pour le plus grand bien de tous. Quelle que soit la demande que vous ferez à vos pierres, il vaut la peine d'ajouter « ceci ou quelque chose de mieux » afin que le résultat en soit remis à la discrétion des puissances supérieures et puisse même vous surprendre par son génie.

Après avoir travaillé avec un cristal dans un but précis, remerciez-le pour son aide si vous avez terminé le travail ou demandez qu'il continue à agir en votre nom, soit lorsque vous l'utiliserez à nouveau dans le même but, soit simplement pendant que vous poursuivez votre journée.

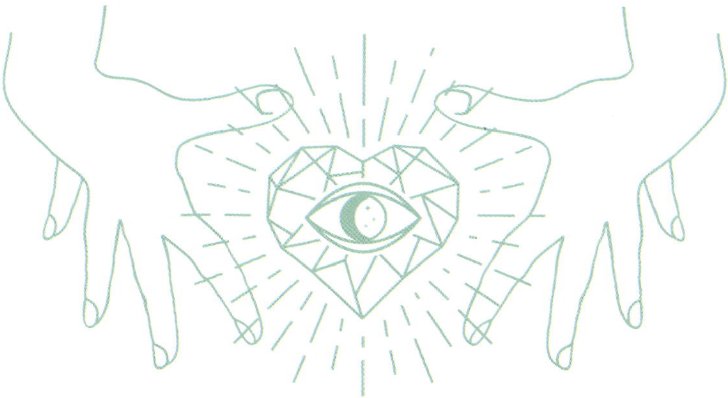

Les meilleurs cristaux pour la méditation

Méditer à l'aide de cristaux vous permettra d'approfondir votre pratique de la méditation, d'augmenter votre intuition et de vous connecter à une conscience supérieure, aux guides spirituels et même aux anges.

Méditer avec les cristaux

Mettre en place une pratique quotidienne de méditation a d'incroyables bénéfices. Elle apporte la paix, la patience, la clarté et la relaxation. Ajoutez quelques pierres et vous développerez encore davantage votre spiritualité – affûtant ainsi votre intuition, encourageant la télépathie ou la communication avec le royaume angélique, les guides spirituels et vos ancêtres.

La section qui suit dresse une liste des dix meilleures pierres pour la méditation et qui permettent d'élargir votre conscience au-delà de ce que vous pensiez possible. Découvrez quelle pierre résonne le plus avec vous, ou bien faites votre choix en fonction de la faculté psychique ou l'expérience mystique qui vous attire. Pourquoi ne pas essayer de placer une pierre sur chacun des chakras pour stimuler tout le corps ?

Consultez la section à la page 34 pour en savoir plus.

POUR BIEN COMMENCER

✧ Trouvez un endroit calme où vous serez tranquille et à l'aise pendant au moins dix à vingt minutes. Allongez-vous sur le sol, ou bien asseyez-vous le dos droit sur un coussin ou une chaise.

✧ Tenez les pierres que vous avez choisies dans vos mains. Sentez leur énergie imprégner votre corps et l'espace qui vous entoure.

- Fixez une intention pour les pierres dans cette méditation. Visualisez-la en détail dans votre esprit et imaginez que cela charge vos cristaux afin qu'ils vous aident dans la voie que vous avez choisie à ce moment. Continuez à tenir les cristaux dans vos mains, ou alors placez-les sur les chakras qu'ils nettoient et renforcent. Ou placez-les simplement à vos côtés pour qu'ils y diffusent leur magie.

- À présent, fermez les yeux et détendez-vous. Comme pour toute méditation, commencez par prêter attention à votre respiration. Accordez-vous quelques belles inspirations profondes et quelques expirations lentes. Inspirez. Expirez.

- Laissez l'énergie de la pierre faire effet, mais ne forcez rien, et ne vous inquiétez pas si rien ne se passe. Continuez juste à vous détendre, à respirer profondément et à laisser les choses se dérouler. Peut-être aurez-vous l'impulsion forte d'entreprendre quelque chose de nouveau dans votre vie, ou recevrez-vous des messages d'autres êtres, ou des visions d'expériences de vies passées ? Soyez simplement témoin de tout cela, en sachant que vous êtes en sécurité.

DES EFFETS PUISSANTS

- Lorsque vous sentez que vous êtes arrivé au bout de votre méditation, comptez de 10 jusqu'à 1 pour ramener votre attention dans la pièce. Remuez les doigts et les orteils ou étirez-vous, en gardant les yeux fermés. À présent, imaginez que vos pieds sont les racines d'un arbre qui s'enfoncent profondément dans le sol. Votre corps est fort et enraciné dans la terre. Tenez cette visualisation quelques minutes pour bien ancrer votre énergie dans le moment présent, une nécessité lorsque l'on voyage dans d'autres royaumes ou que l'on s'est trouvé dans un état de détente profonde pendant un moment.

- ✧ Lorsque vous êtes prêt, quittez lentement votre position et retournez à vos occupations. Gardez un carnet à proximité pour noter ce dont vous avez fait l'expérience et qui résonne, ou les questions qui ont émergé. Peut-être aurez-vous des prises de conscience soudaines sur des problématiques de votre vie.

Continuez de méditer avec les cristaux et vous remarquerez la présence d'un plus grand sentiment d'accomplissement dans votre vie. Peut-être même entrerez-vous en relation avec un esprit guide particulier ou un ange qui vous prêtera assistance sur votre chemin. Vos rêves seront probablement plus criants de vérité, et contiendront des messages clairs ou des symboles dont vous vous souviendrez aisément au réveil. Votre capacité à pressentir ce qui va se passer ou ce que quelqu'un va dire pourrait se renforcer. Votre connexion aux autres, votre créativité et votre destinée seront meilleures qu'elles ne l'ont jamais été. Tout cela parce que vous avez pris le temps d'être en présence de certains des outils les plus puissants et les plus capables de changer votre vie actuelle sur notre planète.

Améthyste

IDÉALE POUR :
Développer votre spiritualité, approfondir vos méditations, et renforcer votre créativité.

ASPECT :
Du violet lavande pâle au quartz violet foncé, parfois opaque ou transparent, avec des zébrures blanches ou transparentes.

L'améthyste est l'une des pierres les plus spirituelles et elle a une très haute vibration. Utilisé par les anciennes royautés afin d'encourager la sobriété et l'ancrage spirituel, ce quartz violet vous aidera à puiser dans une spiritualité plus profonde et plus centrée. Elle aide à apaiser l'esprit et à faire taire le bavardage mental, elle calme l'anxiété, et inspire un état méditatif profond. Elle vous permettra d'entrer en harmonie avec votre intuition, et favorisera le développement de vos capacités psychiques.

Ajoutez une géode d'améthyste à votre autel de méditation de façon à ce que vous puissiez vous asseoir à côté d'elle afin de ressentir ses puissants effets calmants, pour évacuer tension et stress de votre vie. Une alternative consiste à vous allonger et à méditer avec une pierre plus petite placée sur votre troisième œil, car l'améthyste ouvre ce chakra et celui de la couronne, augmentant encore davantage vos capacités psychiques.

Pour aiguiser votre pleine conscience dans le cadre d'une méditation, asseyez-vous en tenant une pierre ou une petite druse dans votre main gauche dont la pointe sera dirigée vers votre bras gauche, afin que votre corps bénéficie de son énergie apaisante.

Les Égyptiens antiques considéraient la fabrication d'amulettes d'améthyste comme une forme de prière et l'utilisaient pour se protéger des maux. Elle est toujours employée de nos jours comme pierre de protection, pour repousser les attaques psychiques en créant un bouclier de lumière protectrice autour du corps.

Tenez un gros fragment dans votre main gauche, en vous appuyant sur votre main droite, tout en étant assis confortablement et en laissant votre respiration s'approfondir et vos soucis se dissiper. Imaginez que l'énergie de l'améthyste violette forme une lumière protectrice autour de votre corps alors que vous voyagez en toute sécurité dans d'autres mondes par l'esprit. Méditer de la sorte avec une améthyste peut également vous apporter le succès et vous aider à vous concentrer sur de nouveaux projets. Sa capacité à élargir votre esprit supérieur signifie qu'elle peut stimuler votre créativité, votre imagination et votre passion pour de nouvelles entreprises.

Pierre apaisante, surtout pour les enfants, elle peut aider à soulager les insomnies et à limiter les cauchemars. Placez-la sous l'oreiller de votre enfant pour l'aider à s'endormir paisiblement. Ou passez une pointe d'améthyste dans le sens inverse des aiguilles d'une montre au milieu du front pour apaiser la peur de l'obscurité et les rêves récurrents.

Intéressante à porter en pendentif pour ses pouvoirs de protection contre la négativité, elle peut également aider à apaiser votre esprit après la mort d'un être cher et à rétablir l'équilibre de vos émotions après tout bouleversement.

Angélite

IDÉALE POUR :
Communier avec les anges, développer sa télépathie et sa clairvoyance, et pour une communication claire.

ASPECT :
Extérieur blanc, intérieur bleu clair.

L'angélite est une célestine hautement évoluée qui a été compressée pendant des millions d'années pour former des nodules. Elle est faite de sulfate de calcium et on la trouve au Pérou. Cette pierre de conscience et de tranquillité permet de calmer les excès d'émotions et d'approfondir sa sérénité intérieure. Elle vibre à la fréquence de la bienveillance, ainsi, son énergie peut être d'une grande aide au cours des périodes difficiles et vous guider sur votre chemin spirituel.

Asseyez-vous près d'une pierre d'angélite ou tenez-la en main lorsque vous méditez afin de recevoir l'amour et la guidance imprégnés dans cette gemme rare. Ressentez l'amour et le soutien que les anges peuvent vous apporter.

Si vous possédez un autel de méditation, placez-y une angélite et laissez votre regard se poser sur elle les yeux mi-clos. Connectez-vous à vos guides ou anges gardiens des plans supérieurs, afin qu'ils vous apportent leur sagesse et leur guidance sous forme de messages, de symboles ou de sensations générales. Méditez régulièrement en faisant appel à l'angélite pour accroître vos capacités psychiques, y compris le *channeling*, la clairvoyance, la médiumnité et la guérison spirituelle.

L'angélite est une pierre utile aux astrologues et toute personne que l'on consulte pour des tirages ou des conseils spirituels, car elle favorise une communication des idées claires et équilibrées. Gardez-la près de vous si vous faites des consultations pour d'autres personnes, pour vous aider à partager les messages des guides spirituels, des étoiles ou des cartes, avec compassion et bienveillance.

Connectée aux chakras de la couronne, du troisième œil et de la gorge, l'angélite permet leur alignement, vous rapprochant ainsi des royaumes angéliques. Portez-la sur un collier ras de cou pour purifier la négativité au niveau du chakra de la gorge en particulier, pour aider à adoucir votre parole et éviter les tergiversations. La porter à cet endroit peut aussi aider à apaiser les conflits relationnels. Sur le plan physique, elle pourra être utile contre la surchauffe émotionnelle et pour aider à guérir les fractures lorsqu'on la porte sur le corps, ou grâce à la lithothérapie.

Cette gemme douce accroît la nature spirituelle de vos rêves et vous permet d'interpréter leur guidance avec justesse. Elle aide aussi à entrer en contact avec les archives akashiques (où tout ce qui s'est passé est enregistré dans le royaume éthérique) dans vos rêves. Placez une angélite à côté de votre lit pour vous aider à rester lucide pendant vos rêves et à vous souvenir de la sagesse qu'ils révèlent à votre réveil. Veillez à garder votre cristal d'angélite au sec. Il est si délicat qu'il peut être endommagé par l'eau.

Azurite

IDÉALE POUR :
Se connecter au royaume des cieux, atteindre la tranquillité du silence au cœur de la méditation, recevoir des expériences psychiques et d'aide à la guérison.

ASPECT :
De bleu vif à bleu foncé et indigo, avec parfois des stries bleu clair.

Connue comme la « pierre du ciel » dans la Chine antique, l'azurite relie notre monde à celui des dieux, et au vide au-delà de toute conscience, est recherchée par tous les adeptes de la méditation qui sont en quête d'un mieux être et de dons psychiques. En ouvrant le chakra du troisième œil, l'azurite développe toutes les capacités intuitives et fait accéder à un savoir ancien et avancé.

Elle peut intensifier vos rêves, vous mettre en état de *channeling* et vous aider à faire des voyages astraux en sécurité. En élevant les pouvoirs de l'esprit, elle dissipe la tension, la confusion et fait place à de nouvelles perspectives, vous permettant ainsi d'envisager et de manifester des possibilités enthousiasmantes dans votre vie.

On emploie l'azurite comme guide vers l'illumination depuis le début des premières civilisations. Les Mayas l'utilisaient pour faire émerger leur côté mystique, tandis que les Premières Nations américaines méditaient avec elle pour contacter leurs guides spirituels et recevoir des messages. Dans l'Atlantide et l'Égypte ancienne, seuls les prêtres et les prêtresses connaissaient la puissance de cette pierre aux bienfaits psychiques.

Les énergies puissantes de cette pierre sont mieux répandues par le toucher, ainsi, tenez un galet lisse d'azurite dans vos mains pendant la méditation et demandez son aide. Elle constitue une excellente pierre d'ancrage pour une session de régression et permet de réussir à revisiter des vies antérieures. Que vous la portiez ou que vous la gardiez dans votre poche, assurez-vous de l'effleurer de vos doigts régulièrement.

Cette superbe pierre déclenchera chez vous de nouveaux intérêts et connexions aux autres. Elle encourage également une aspiration à davantage de connaissance et de conscience. Placez-en une sur votre bureau que vous pourrez toucher régulièrement, et ressentez ses énergies revigorantes et d'ouverture d'esprit. Bonne alliée des révisions ou des examens, ou lorsque l'on explore de nouvelles idées pour un projet ; on dit d'elle qu'elle stimule la concentration et la mémoire. C'est sans aucun doute une pierre à frotter discrètement entre vos doigts pendant un entretien ou une présentation pour être concentré. L'azurite est un bon cristal pour les personnes âgées, portée ou comme objet de méditation, elle permet de renforcer leur vivacité d'esprit et leur santé cérébrale.

Cette pierre d'un bleu éclatant dégage le chakra de la gorge afin de mieux communiquer les nouvelles idées et expériences que vous venez de recevoir. Portez-la en collier ou placez-la sur la gorge lorsque vous êtes allongé en méditation. Grâce à son énergie de clairvoyance, l'azurite est parfaite en pendule, pour obtenir des réponses précises et objectives à vos questions.

Tourmaline noire

IDÉALE POUR :
Se protéger des pensées négatives, des énergies et radiations des appareils électroniques. Idéale également pour s'ancrer, apaiser les crises de panique et le mal des transports.

ASPECT :
Noir ou bleu noir très foncé, on la trouve en structure en colonnes.

La tourmaline noire, également connue sous le nom de « schorl », est l'un des cristaux les plus couramment utilisés en méditation pour sa capacité à vous maintenir ancré au sol. Elle relie le chakra racine au champ électromagnétique de la Terre, essentiel en ces temps de transformations énergétiques sur la planète..

Cette pierre chamanique, utilisée de tout temps par les magiciens lors de leurs pratiques magiques, constitue un bouclier protecteur contre toute entité négative ou mauvaise vibration provenant de personnes ou de lieux.

Connue comme la « garde du corps éthérée », elle protège et purifie le corps astral, vous offrant sa protection lorsque vous explorez le royaume spirituel. Placez une pierre lisse de tourmaline noire dans chacune de vos mains, ou dans votre main gauche et une sélénite dans votre main droite pour nettoyer votre aura lorsque vous méditez.

Portez une broche de tourmaline noire du côté gauche – là où ce cristal pénètre l'aura – si vous vous trouvez dans un milieu déplaisant ou que vous êtes au contact de personnes en colère, qui se plaignent ou sont épuisantes.

Placez-vous en position assise de méditation, entouré de tourmalines disposées en grille pour libérer la tête de tout bavardage indésirable, nettoyer les émotions et le corps de toute impureté, et débarrasser l'esprit de tout ce qui vous pèse. C'est un cristal essentiel pour toute personne souffrant d'anxiété, de dépression ou de colère. Essayez d'en glisser quelques-unes dans votre taie d'oreiller pour favoriser votre purification pendant la nuit.

S'il y a un endroit de votre maison où vous ressentez plus de négativité, placez-y un gros fragment de tourmaline noire et laissez-le transmuter l'énergie qui l'entoure. Travailler avec la tourmaline noire favorise la confiance en soi et l'aplomb.

On dit que la tourmaline noire protège le corps contre les radiations nocives et les ondes électromagnétiques des appareils électroniques, tels que les ordinateurs et les téléphones portables. Placez un gros fragment à côté de tout appareil électrique, ou portez de la tourmaline noire sur votre corps lorsque vous travaillez sur des appareils électriques pendant de longues périodes.

Frottez un morceau de tourmaline noire et il se chargera électriquement, avec une extrémité positive et l'autre négative. Elle attirera ou repoussera alors les particules de poussière, entre autres. Elle aligne les centres énergétiques de votre corps pour permettre à la lumière de vous traverser, augmenter la vitalité physique et inspirer une attitude lucide et positive.

Calcite bleue

IDÉALE POUR :
Apaiser les blocages émotionnels, favoriser la paix intérieure. Permettre de récupérer, et d'être clair dans ses communications.

ASPECT :
Opaque, bleu clair et blanc.

Les formes les plus simples de calcite sont d'un blanc pur, mais d'autres minéraux présents dans le composite créent les différentes couleurs, la calcite bleu clair étant particulièrement apaisante pour l'œil, le corps et les émotions. Si vous avez besoin d'un retour au calme et que vous souhaitez rééquilibrer votre vie, utilisez la calcite bleue en méditation.

Son énergie calmante est bénéfique pour ceux qui souffrent d'anxiété, de stress ou après un événement important de la vie. Elle libère les émotions négatives et favorise la relaxation et l'aide à la guérison. Un fragment de calcite bleue sur votre table de chevet peut agir comme un sédatif naturel, vous aidant à vous laisser aller à un sommeil réparateur, même après un traumatisme ou pendant des périodes d'angoisse mentale.

La calcite bleue est une puissante purificatrice qui peut être utilisée pour aider à résorber d'anciens comportements ou schémas de pensée et accroître en vous une motivation et une énergie positive, transformant ainsi votre vie pour le mieux. Méditer avec la calcite bleue appelle à une attitude plus optimiste en vous aidant à voir la perfection inhérente à toute vie.

Asseyez-vous au calme, en tenant un cristal de calcite bleue dans vos mains, et dites : « Je me connecte à une énergie universelle apaisante » autant de fois que nécessaire, jusqu'à ce que vous soyez complètement détendu. Dans cet état de calme, votre côté naturel et créatif se manifestera par des idées et des intérêts nouveaux.

Placez cette pierre d'un bleu doux sur le chakra du troisième œil et méditez en position allongée afin d'activer la puissance de votre intuition et votre vision intérieure. La calcite bleue renforce la vivacité de vos rêves et vous aide à comprendre leur symbolique. Comme cette pierre ouvre et renforce le chakra de la gorge, elle vous aidera à communiquer clairement les informations que vous recevez. En équilibrant ce chakra, vous pouvez pacifier les désaccords dans vos relations, vous permettant de trouver de nouvelles façons d'envisager les situations et de résoudre vos problèmes avec les autres avec calme et patience.

Puissante amplificatrice d'énergie, la calcite bleue est également une bonne pierre pour les soins à distance. Envoyez des pensées d'aide à la guérison pendant votre méditation en tenant un cristal de calcite bleue en main et elles atteindront assurément leur destinataire.

Aussi connue sous le nom de « pierre de l'esprit », la calcite bleue augmente la mémoire et les capacités d'apprentissage. Choisissez cette pierre pour méditer quotidiennement si vous devez étudier, ou dans n'importe quel domaine universitaire, car elle vous aidera à retenir plus facilement les informations.

Topaze bleue

IDÉALE POUR :
La paix, la vérité, la connexion avec les êtres spirituels.

ASPECT :
Bleu clair transparent.

Par sa douce fréquence, la topaze bleue apporte la tranquillité, et contribue à calmer vos émotions. Elle dynamise l'esprit en douceur, apporte de la clarté et aide à éviter la procrastination. Portez un talisman de topaze bleue pour renforcer votre confiance en vous, augmenter votre capacité d'attention et inspirer la créativité. Si vous avez besoin de réfléchir à certains problèmes complexes ou de parfaire votre apprentissage d'une manière ou d'une autre, méditez avec la topaze bleue avant de mettre votre esprit au travail avec un dynamisme renouvelé.

Utilisez la topaze bleue pour vous connecter avec le monde spirituel et entendre clairement la sagesse divine. Méditer avec elle renforcera également vos affirmations et visualisations, et vous permettra de discerner ce qui est réellement vrai pour vous. S'asseoir au contact d'une topaze bleue pendant un temps approfondira votre pratique de la méditation et permettra au corps physique d'assimiler la sagesse de l'esprit supérieur.

Cela renforcera votre guidance intérieure et améliorera vos capacités psychiques, ce qui fait d'elle une très bonne pierre à avoir à vos côtés si vous pratiquez la divination pour les autres.

Lorsque vous vous allongez pour méditer, placez une pierre de topaze bleue sur la gorge ou sur le chakra du troisième œil pour vous aider à discerner clairement ce que vous aimeriez avoir ou non dans votre vie. Cela vous permettra également d'articuler consciemment les sentiments et les pensées que vous souhaitez exprimer par rapport à vos désirs personnels.

Traditionnelle pierre d'amour et d'abondance, la topaze bleue peut vous soutenir émotionnellement afin que vous vous sentiez prêt à recevoir de l'affection, peu importe d'où elle se manifeste. C'est un cristal apaisant qui vous aide à vous détendre à tous les niveaux, en accélérant le développement spirituel là où il a pu être bloqué, et en vous aidant à réaliser vos rêves.

La douce couleur bleue de ce cristal peut vous aider à voir votre vérité et mettra en évidence tout modèle de comportement ou plan que vous avez suivi et qui vous a empêché d'être pleinement vous-même. Il purifiera l'aura, encouragera le pardon et vous déconnectera de tout doute quant à la voie à suivre. Le fait de porter cette pierre vous reliera davantage à votre conscience supérieure afin qu'elle puisse vous conduire à vos aspirations véritables.

La topaze bleue peut vous aider à appréhender une situation dans son ensemble comme dans ses détails. Fixez des objectifs tout en étant assis tranquillement à côté d'une topaze bleue en imaginant comment ils vont se manifester à petite et à grande échelle dans votre vie. Puis remplissez votre cristal de cette énergie créative et positive, et ayez confiance dans le fait que les bonnes choses se dérouleront naturellement, tout en vous permettant de simplement « être ».

QUEL CRISTAL POUR QUEL CHAKRA ?

Choisissez le bon cristal pour chacun de vos chakras – c'est-à-dire les centres de l'énergie qui circule des pieds à la tête au sein de votre corps – et vous pourrez équilibrer et renforcer l'ensemble de votre système. Il existe des pierres spécifiques pour chaque chakra, alors choisissez celle qui résonne le plus avec vous. Placez chacune d'elles sur le chakra spécifique en vous allongeant, laissez votre respiration et votre corps se détendre, et les cristaux feront le reste.

COURONNE

En haut de la tête : spiritualité, atteindre des dimensions plus élevées, bonheur pur
AMÉTHYSTE, QUARTZ BLANC, SÉLÉNITE

TROISIÈME ŒIL

Entre les sourcils : renforce l'intuition, l'imagination, la prise de décision et le sens de la détermination
AMÉTHYSTE, OBSIDIENNE NOIRE, CALCITE BLEUE

GORGE

Centre du cou : communication claire, exprimer votre authenticité et vos sentiments
CALCITE BLEUE, TOPAZE BLEUE, LAPIS-LAZULI, AIGUE-MARINE, TURQUOISE

CŒUR

Centre de la poitrine : acceptation de soi, amour, joie, paix intérieure, confiance
QUARTZ ROSE, JADE, MOLDAVITE

PLEXUS SOLAIRE

Deux pouces au-dessus du nombril : renforce la créativité, la confiance, le pouvoir personnel
MALACHITE, CALCITE, TOPAZE, CITRINE

SACRÉ

Deux pouces sous le nombril : sens du plaisir, de la sexualité et de l'abondance
CITRINE, CORNALINE, PIERRE DE LUNE

RACINE

Base de la colonne vertébrale : vous aide à vous sentir ancré, équilibré et indépendant
ŒIL-DE-TIGRE, TOURMALINE NOIRE, HÉMATITE

Quartz blanc (Cristal de roche)

IDÉAL POUR :
Amplifier l'énergie, élever vos vibrations, renforcer votre intuition et vos capacités psychiques.

ASPECT :
Cristal transparent, chatoyant dans la lumière.

Le quartz blanc, minéral le plus commun et pourtant le plus puissant sur terre, est connu comme le « maître guérisseur ». Il a été la clé du développement de nombreuses civilisations anciennes – outil spirituel et magique, fondamental pour les Celtes, les Mayas, les Aztèques, les Égyptiens et les Premières Nations américaines. Beaucoup croyaient que ces pierres étaient des incarnations vivantes du Divin. On leur attribuait un grand pouvoir d'aide à la guérison et d'éveil des consciences.

Le quartz blanc amplifie le pouvoir de tout autre cristal ainsi que l'énergie naturelle du corps, ce qui en fait une pierre essentielle pour la méditation et l'aide à la guérison. Bien qu'il stimule l'ensemble du système des chakras, il est particulièrement bon pour ouvrir le chakra de la couronne. Méditer régulièrement avec du quartz blanc vous aidera à élargir votre conscience, à vous connecter au royaume angélique ou à vous souvenir de vos vies antérieures. Dormez à côté d'un quartz blanc et laissez sa vertu hypnotique vous aider à vous plonger dans un sommeil profond, plein de rêves mémorables et riches de sens.

Asseyez-vous tranquillement, déposez un quartz sur le chakra du cœur, ainsi vous transformerez tout blocage émotionnel en acceptation de soi et en amour. Placé sur le troisième œil pendant la méditation, le quartz blanc augmentera la clarté mentale, filtrera les distractions et vous permettra de vous concentrer sur le bonheur de la tranquillité transcendante. Là, votre intuition et vos capacités psychiques peuvent s'exprimer.

Programmez le quartz blanc avec votre intention pour votre méditation, par exemple pour vous mettre en lien avec vos guides spirituels, et il vous y aidera chaque fois que vous l'utiliserez.

Atteignez n'importe quel objectif en envoyant dans le quartz la sensation associée au résultat souhaité, au cours de la méditation. Plus vous méditerez avec lui, plus le cristal gardera cette énergie et l'amplifiera, créant des occasions pour que ce résultat puisse se concrétiser.

Le quartz blanc est souvent utilisé dans le domaine de la technologie ; notamment pour les montres, les émetteurs et récepteurs radio et les cartes mémoire des ordinateurs, car il peut stocker, amplifier et transformer l'énergie. Placez cette pierre sur votre bureau si vous travaillez avec des ordinateurs ou d'autres appareils électroniques, car elle repousse les effets nocifs des radiations de ces équipements.

Le quartz étant un formidable stimulateur d'énergie, assurez-vous de le nettoyer régulièrement avec différentes méthodes. Vous pouvez le faire tremper dans une solution d'eau salée pendant la nuit, le laisser au soleil ou le napper de fumée de sauge.

Labradorite

IDÉALE POUR :
La magie, la protection, le courage, le voyage entre les royaumes.

ASPECT :
Gris, vert sombre, noir ou blanc grisâtre composé de strates arc-en-ciel allant du bleu vif au vert pâle, en passant par des reflets d'or et de rouge cuivré.

Découverte dans la région du Labrador, au Canada, en 1770, la labradorite possède des pouvoirs mystiques et magiques stupéfiants. Ressemblant à l'aurore boréale – dont les Inuits croient que le cristal provient – sa « labradorescence » de couleur jaillit de son extérieur essentiellement gris. Sous ce qui semble être une pierre assez ordinaire se trouve un ensemble de couleurs spectrales, réfléchissantes, symbolisant la capacité de la labradorite à permettre aux chercheurs spirituels et aux chamans de se déplacer dans les royaumes sombres et invisibles tout en conservant la force de leur propre lumière.

Connue sous le nom de « pierre de magie », c'est le cristal de référence pour les guérisseurs, les magiciens et tous ceux qui veulent se transformer, se découvrir et vivre une aventure spirituelle. Il aide à communiquer avec les esprits, à accéder aux archives akashiques et à comprendre les vies antérieures.

La labradorite agit comme un talisman protecteur pour ceux qui voyagent entre les mondes à la recherche de connaissances et de conseils, assurant à leur âme un retour sûr et ancré dans la réalité présente.

Porter ou transporter de la labradorite permet à vos pouvoirs magiques naturels de faire surface, tout en mettant en lumière des souvenirs refoulés pour vous aider à les dépasser. Méditer avec elle réveillera des capacités psychiques innées, telles que la télépathie, la clairvoyance et la conscience de la synchronicité.

Amplifiez l'énergie de protection de cette pierre lors de vos voyages de méditation, en imaginant qu'elle transforme votre corps en une silhouette arc-en-ciel magique qui rayonne de teintes bleues, vertes, pourpres, violettes et or. Demandez à la labradorite d'activer cette palette de couleurs en vous, de maintenir vos vibrations à un niveau élevé et d'ouvrir tous vos chakras.

Il faut utiliser ce cristal avec l'intention de développer une conscience supérieure, car la labradorite veut que vous élargissiez votre connaissance de la lumière et de l'obscurité. Aussi connue sous le nom de « pierre de l'équilibre », elle vous aidera à faire face à votre subconscient plus sombre et à équilibrer les deux extrêmes en vous, vous permettant de briller encore plus après avoir voyagé vers l'intérieur.

La labradorite est plus puissante au crépuscule et à l'aube, lorsque la nature présente un éventail de couleurs similaires et que l'on peut mieux ressentir son énergie. Asseyez-vous à l'extérieur, dans cette lumière changeante, et percevez l'humanité dans son ensemble comme un « être de lumière » qui transcende les limites du passé et les craintes de l'avenir, pour voir les possibilités infinies du présent. En tant que composante de cette lumière pure, vous pouvez vous laisser « être », tout simplement.

Moldavite

IDÉALE POUR :
Les transformations puissantes, l'aide à la guérison, la protection.

ASPECT :
Vert forêt profond, olive, brun verdâtre et vitreux, avec des empreintes sculptées, gravées ou plissées dans des pierres brutes non polies.

Trouvée uniquement en République tchèque, la moldavite a des connexions extraterrestres. Elle a été créée lorsqu'une météorite s'est écrasée sur la Terre, il y a près de 15 millions d'années, sur le plateau de Bohême, où l'on trouve des fragments dispersés dans toute la région. Les formes de la moldavite retrouvées remontent à son état de fusion original : la plupart sont rondes ou très plates, en forme de gouttes ou de disques, de sphères, d'ovales ou de spirales – qui sont tous des modèles courants de projections liquides.

Autrefois aussi prisée que l'émeraude, son usage remonte aux peuples néolithiques d'Europe de l'Est, en 25 000 av. J.-C. Ils l'utilisaient non seulement pour les pointes de flèches et les outils de coupe, mais aussi comme amulette de protection, de bonne fortune et de fertilité. Elle a été trouvée sur le site archéologique de la Vénus de Willendorf, l'une des plus anciennes statuettes de déesse connue.

Puissante alliée des séances de méditation, la moldavite est une amplificatrice énergétique qui ouvre tous les chakras, et permet la croissance spirituelle. Appelée « pierre de connexion », qui relie les énergies universelles et terrestres, elle renforce la connexion à l'intuition, à la télépathie et à la guidance des royaumes spirituels.

En méditant régulièrement avec cette pierre, vous dissiperez vos doutes et vos inquiétudes, surtout en ce qui concerne l'argent ; de nouvelles solutions à vos problèmes vous seront dévoilées et vous pourrez profiter de la magie de l'univers.

La vibration de la moldavite est intense. On la ressent souvent très rapidement et de façon spectaculaire, aussi il faut parfois un certain temps pour s'y habituer. La première fois que l'on touche une moldavite, on peut en ressentir la chaleur. C'est une sensation d'abord perceptible dans la main puis dans le corps. Elle active le chakra du cœur qui se traduit par une accélération du rythme cardiaque, une sudation ou les joues qui rougissent, et elle encourage la libération cathartique de croyances et d'idées dépassées qui ne vous servent plus. Laissez couler les larmes ou éclater les rires et sachez que ce cristal aidera le cœur et l'esprit à travailler ensemble pour rendre votre vie meilleure.

Garder une moldavite ou la porter comme bijou vous redonnera de la vitalité et ralentira le vieillissement. Vibrer à cette fréquence élevée signifie que vous bénéficierez de synchronicités qui vous aideront à vous transformer et à guérir. Mais habituez-vous progressivement à la porter et prenez votre temps, car elle peut provoquer des étourdissements.

Si vous trouvez parfois difficile de vivre sur cette planète, avec son énergie lourde, sa souffrance et ses émotions sauvages, allongez-vous avec un morceau de moldavite déposé sur la région de votre cœur. Elle vous aidera à connaître les raisons pour lesquelles vous êtes incarné ici en ce moment et vous donnera un sentiment renouvelé de but et d'accomplissement.

Sélénite

IDÉALE POUR :
Une connexion profonde aux royaumes supérieurs, améliorer la télépathie et la clairvoyance psychique.

ASPECT :
Blanc pur ou translucide, elle se développe naturellement en baguettes, parfois par deux.

La sélénite doit son nom à la déesse grecque de la lune, Sélène, et tout comme la lune, elle représente la tranquillité, les bénédictions et la lumière céleste.

C'est une pierre pour les femmes – les mères en particulier – qui stimule la libido, la fertilité et la fidélité. Elle encourage l'engagement, la communication dans le couple et aide à dévoiler les faux-semblants.

La sélénite, que l'on trouve naturellement sous forme de longues fibres, a une vibration élevée qui active le chakra de la couronne, vous aidant à vous connecter avec les ancêtres, les anges et les maîtres ascensionnés. La méditation régulière avec une sélénite vous apportera une paix profonde, renforcera vos compétences télépathiques et psychiques, et protégera votre aura.

La baguette sélénite est un excellent outil pour diriger votre intention et votre énergie vers les autres ou vers le monde entier, lors d'exercices de prière ou de manifestation. Elle est également utilisée pour détecter les blocages énergétiques dans les chakras puis y envoyer la lumière pure du cristal pour dégager le canal.

Vous pouvez également créer des grilles d'énergie à la maison ou à l'extérieur avec ces baguettes. En vous allongeant au centre d'une grille de sélénite, rien de négatif ne vous atteindra et vous pourrez faire l'expérience d'une véritable ascension spirituelle.

Lorsque vous activez votre sélénite, essayez de la caresser doucement. Pour recevoir des informations médiumniques, allongez-vous en méditation avec une baguette sur le chakra du cœur pointant vers votre tête et une autre sur le sol dont la pointe touche à peine votre chakra couronne. Respirez profondément et ressentez la clarté calme que ce cristal apporte. Dans votre esprit, vous pouvez rencontrer des êtres spirituels qui ont des messages pour vous ou percevoir des symboles visuels ou des histoires de vies antérieures ou sur l'avenir.

Vous pouvez également vous asseoir en position verticale, respirer profondément et imaginer que la lumière blanche emplit votre corps, vous permettant ainsi de vous détendre. Tenez votre sélénite dans la main gauche et placez votre main droite sous la gauche, en calant votre cristal sur vos genoux. Regardez doucement votre sélénite et synchronisez-vous à sa lumière blanche et pure.

Puis, placez lentement votre cristal au sommet de votre tête (le chakra de la couronne) et laissez la lumière blanche de la sélénite entrer dans la couronne. Déplacez la pierre vers votre chakra du troisième œil et maintenez-la à cet endroit pendant quelques minutes. Sachez que vous êtes en sécurité et laissez votre esprit voyager librement – dans des endroits familiers, à travers les étoiles, ou en canalisant des êtres d'autres dimensions. N'oubliez pas de vous ancrer à la terre après avoir communiqué avec le cosmos. Bien que la sélénite puisse être purifiée par l'eau dans laquelle la pleine lune a brillé, ne la laissez jamais tremper, car elle se dissoudrait.

Les meilleurs cristaux pour la manifestation

Que vous souhaitiez un nouvel emploi, plus d'argent ou de meilleures relations, faites appel aux cristaux pour vous aider à matérialiser la vie que vous désirez.

Manifester vos désirs

Si vous voulez progresser dans votre carrière, rencontrer l'amour ou être en meilleure santé, essayez la manifestation avec certaines pierres. Le travail avec ces dernières vous aidera à découvrir et à libérer les blocages émotionnels et les difficultés qui entravent le flux naturel de l'abondance. Prenez le temps de méditer avec le bon minéral et de vous concentrer sur vous-même, afin de découvrir ce qui vous empêche de réaliser votre objectif et d'atteindre votre plein potentiel. Il s'agit peut-être de la peur, de la douleur, de la tristesse ou de l'épuisement accumulés à la suite d'événements et d'expériences passés, qui pèsent lourdement sur votre esprit. Prenez le temps d'être bienveillant envers vous-même et sachez que ces sentiments passeront avec le temps. N'oubliez pas d'être reconnaissant pour tout ce que vous possédez déjà. Vous pouvez toujours vous concentrer sur un aspect de votre présent pour lequel vous êtes reconnaissant : un corps sain, un foyer chaleureux et rassurant. Le sentiment de gratitude pour notre vie augmente le flux d'énergie positive et nous apporte des merveilles en abondance.

La méditation avec les pierres vous permettra de savoir clairement ce que vous voulez vraiment dans la vie, quels changements vous devez apporter pour augmenter votre chance et votre prospérité. Elles vous permettront de vous connecter à certains chakras, de les purifier et de les ouvrir afin de stimuler votre énergie et de vous aider à attirer des situations et des opportunités parfaites. Tenez le cristal que vous avez choisi pendant que vous méditez, ou placez-le sur le chakra correspondant pour ressentir réellement les bienfaits de sa stimulation proactive.

La manifestation est une question de timing et de confiance dans le fait que tout se passera comme prévu, si vous êtes ouvert à la magie de l'univers. Essayez de fixer une intention avec une affirmation positive – en chargeant un cristal pour qu'il œuvre pour vous. Imaginez que votre vie se déroule comme vous le souhaitez et envoyez cette visualisation dans la pierre. Gardez cette pierre chargée près de vous lorsque vous travaillez, ou placez-la dans votre portefeuille pour attirer la richesse et équilibrer vos dépenses.

Essayez de porter votre pierre chargée sur un collier, en ornement d'une bague, en broche ou en boucles d'oreilles pour rester en contact avec sa puissante énergie tout au long de la journée. Cela vous permettra de prendre les bonnes décisions pour vous mettre sur la bonne voie et de savoir que vous êtes digne des choses que vous désirez.

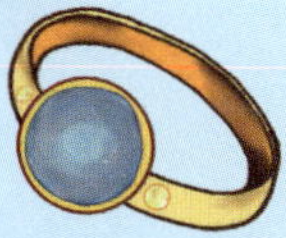

Quelle que soit la façon dont vous décidez d'exploiter le pouvoir des cristaux, ils vous apporteront un regain de confiance, de positivité et de perspicacité pour vous aider à avancer vers la vie de vos rêves.

Citrine

IDÉALE POUR :
Développer sa carrière, sa créativité et sa communication, appeler l'abondance.

ASPECT :
Quartz allant du jaune pâle à l'ambre et au quartz orangé.

La citrine, également appelée « pierre du soleil », retient l'énergie claire de la lumière du matin, apportant joie, abondance et optimisme dans tous les domaines de la vie, en particulier la carrière et les finances.

Historiquement connue sous le nom de « pierre des marchands » et associée à la planète Mercure, la citrine est censée améliorer les capacités de négoce chez les commerciaux, développer la richesse et le succès en affaires. Il y a longtemps, les marchands plaçaient cette pierre dans leurs coffres pour protéger leur argent et en attirer davantage. Aujourd'hui, les entreprises peuvent obtenir un coup de pouce en plaçant un petit morceau de citrine près de la caisse ou de l'ordinateur, si c'est là que l'argent est gagné, pour aider à augmenter les revenus.

La citrine est également connue pour encourager les dépenses judicieuses en renforçant l'intuition. Elle vous permet de libérer les colères passées, les peurs du manque et les habitudes destructrices qui bloquent l'abondance et vous encourage à envisager un avenir meilleur. Elle renforce l'estime de soi et vous aide à apprécier de nouvelles choses, ce qui vous amène à être créatif et à saisir de nouvelles opportunités pour plus de prospérité.

Essayez ce rituel pour plus de prospérité :

À l'aube, brûlez une bougie jaune à côté d'un morceau de citrine. Cela chargera la pierre d'énergies d'abondance. Une fois la bougie consumée, gardez le cristal entièrement chargé dans votre portefeuille pour attirer la richesse.

Pierre puissante pour toute personne impliquée dans la communication ou les arts expressifs, la citrine stimule l'imagination créative et la volonté en ouvrant le chakra sacral. L'activation de votre imagination est le premier pas vers la manifestation, car vous devez d'abord envisager l'avenir que vous voulez faire naître.

Visualisez et ressentez pleinement votre désir devenir réalité tout en tenant un morceau de citrine dans votre main dominante. Imaginez que cette vision charge la pierre d'énergie pour vous aider à concrétiser des projets afin que tout cela devienne réalité.

En partant du chakra sacré, l'énergie de la citrine réveille le plexus solaire et le chakra racine, en aidant ces trois chakras à diffuser la lumière solaire de la pierre. Elle stimule notre volonté et notre énergie à travailler dur et à persévérer pour que les choses se réalisent grâce aux idées qui viennent de notre imagination.

La citrine transmute plutôt qu'elle n'absorbe la négativité, elle n'a donc jamais besoin d'être nettoyée. Mais pour améliorer son rayonnement, laissez la citrine à la lumière du soleil de l'aube à midi, surtout au solstice d'été. Mais ne la laissez pas trop souvent à la lumière directe du soleil, car elle pourrait se décolorer ou se fissurer.

Topaze impériale

IDÉALE POUR :
Amplifier et pour manifester une intention spirituelle, apporter courage, sagesse et succès.

ASPECT :
Silicate jaune doré, même si la topaze existe aussi en jaune, or, orange, rouge, bleu, vert, violet et brun.

Aussi appelée « topaze impériale », cette gemme dorée est associée à l'opulence, au luxe et à la générosité. Topaze signifie « feu » en sanskrit et ce cristal exploite le feu du soleil, pour diffuser une énergie douce avec une puissante force d'attraction. Traditionnellement portée comme charme pour attirer un amant riche, on l'emploie désormais davantage dans les rituels d'amour comme un aimant à âme sœur spirituelle, aussi bien qu'en talisman pour attirer l'argent et la prospérité. On peut espérer attirer le véritable amour et l'amitié, la bonne personne au bon moment pour stimuler sa carrière, et s'assurer courage, charisme et succès lorsqu'on travaille avec la topaze dorée. Ce cristal atteint sa puissance maximale lorsque la pleine lune approche.

La topaze est un « cristal de pouvoir », car elle produit des courants négatifs et positifs liés qui transmettent l'attraction et la manifestation à l'éther. Adressez vos demandes à l'univers et inscrivez-les dans ce cristal avec votre esprit, et vous recevrez la clarté et la concentration nécessaires pour vous diriger vers la réalisation de ces objectifs.

La topaze est l'une des meilleures pierres pour donner du pouvoir à vos affirmations positives, et vous apporter des visions claires du futur au cours de vos méditations.

Avec son reflet doré qui élève les esprits, la topaze vous aide à vous sentir mieux dans votre peau et vous donne l'énergie nécessaire pour transformer vos idées et intentions en actions. Elle fait disparaître la fatigue et les émotions ou habitudes obsolètes qui vous pèsent et les remplace par la paix et le bien-être. La topaze active les chakras de la racine, du plexus sacré et solaire, ainsi que la couronne, ce qui augmente vos chances de mettre en action votre meilleure vie et d'en faire une réalité.

Asseyez-vous tranquillement et branchez-vous à votre topaze pour vous connecter en conscience au royaume céleste et recevoir des conseils divins, en stockant cette sagesse dans la pierre pour de futures manifestations. Elle vous rechargera physiquement et spirituellement, renforçant votre foi en ce qui est à venir, augmentant votre confiance et votre fierté dans vos capacités tout en restant ouvert et généreux. Toute personne, s'exprimant en public, dans l'enseignement, le commerce, ou même en tant que philanthrope, aurait intérêt à avoir une topaze sur elle ou en pendentif, pour s'assurer qu'elle parle avec justesse, bienveillance et amour.

La topaze est également connue sous le nom de « pierre du gourmet », car elle augmente la sensibilité au goût et stimule les papilles gustatives. Sucer un morceau de topaze avant un repas ou un verre de vin peut vous aider à l'apprécier encore davantage.

Obsidienne dorée

IDÉALE POUR :
Booster le pouvoir personnel, la manifestation spirituelle et la guérison terrestre.

ASPECT :
Obsidienne marron foncé ou noire qui possède un reflet métallique doré ou un effet « œil-de-chat » doré, étincelant sous la lumière du jour.

L'obsidienne, généralement brun foncé ou noire, est le verre de la nature, né d'une lave volcanique durcie si rapidement qu'aucune structure cristalline n'a pu s'y former. Elle est également appelée « verre de volcan », « miroir des Incas » et « agate d'Islande ». Cette variété d'obsidiennes dorée a un effet chatoyant, pareil à un œil-de-chat, visible sous une forte lumière, et qui est dû à l'alignement des bulles de gaz lors de sa formation.

Cette pierre est liée au chakra de la racine, mais plus encore à celui du plexus solaire. Elle permet de mettre en lumière et de se débarrasser de tout sentiment négatif, persistant, lié à des conflits de personnalités ou à des abus de pouvoir.

Si un jour, vous vous sentez cynique face à la vie, ce cristal vous aidera à surmonter un tel découragement qui trouve sa source dans des événements désagréables ou des traumatismes passés. C'est une pierre de protection et d'ancrage qui vous aidera à surmonter vos blocages émotionnels et à vous motiver pour aller de l'avant.

Avant de manifester quoi que ce soit, dormez avec de l'obsidienne dorée sous votre oreiller pour aider à soulager l'anxiété ou le stress. Ensuite, méditez avec elle pour savoir ce qui vous empêche de manifester vos désirs. Laissez l'énergie du cristal purifier votre champ énergétique de toute négativité. Voyez sa lumière dorée qui imprègne vos chakras du plexus solaire et racine, et emplissez tout votre corps et toute votre aura de son pouvoir illuminateur.

Une fois que les croyances et les habitudes qui ne sont plus utiles ont disparu, de nouvelles expériences peuvent s'offrir à vous. Portez une obsidienne dorée pour vous concentrer sur ce que vous voulez et sur la façon de le manifester au fil du temps.

L'obsidienne dorée est efficace pour regarder vers l'avenir et voir le futur, mais elle permet aussi d'aller au fond d'un problème présent. Facilitant les diagnostics psychologiques en vue d'une aide à la guérison, l'obsidienne dorée aide également à la guérison de la terre, en localisant les perturbations dans le système énergétique terrestre. Ceux qui pratiquent le reiki, les chamans ou toute personne adepte des arts de l'aide à la guérison, choisissent l'obsidienne dorée pour mettre en évidence les lieux spirituels et physiques qui ont besoin de guérison et se concentrer sur eux.

Cette pierre solide vous aide à puiser dans votre pouvoir personnel et à l'aligner à une conscience supérieure.

Laissez l'obsidienne dorée vous influencer et elle pourra révéler des talents cachés et votre véritable but dans la vie.

Aventurine verte

IDÉALE POUR :
Créer des opportunités, la chance et la prospérité.

ASPECT :
Quartz opaque de la famille des oxydes, vert clair à vert, contenant souvent des inclusions brillantes de mica, ce qui lui donne un éclat métallique, surtout lorsqu'elle est polie.

L'aventurine est généralement verte, mais on la trouve également en bleu, rouge, brun rougeâtre, orange, pêche, jaune, gris argenté ou violet cendré.

Son nom vient du mot « chance » en italien, et fait référence à une inclusion accidentelle de particules étincelantes dans du verre autour des années 1700. On a ensuite donné cette appellation à la pierre naturelle du fait de son éclat brillant causé par les particules de mica présentes dans le quartz. Connue sous le nom de « pierre d'opportunité », l'aventurine verte est le cristal qu'il faut avoir avec soi si l'on a besoin de chance, que ce soit pour un entretien d'embauche, un premier rendez-vous ou même un vrai coup de pouce dans un casino.

On pense qu'elle permet de multiplier les occasions de gains, en vous aidant à manifester la richesse et la prospérité. Méditez avec de l'aventurine verte et vous obtiendrez des visions et des idées sur les manières d'attirer la chance et d'atteindre vos objectifs grâce à un travail acharné et à votre détermination. Cela vous apportera de la positivité et renforcera votre estime. Vous saurez ainsi que vous méritez les meilleures personnes, les meilleures choses et les meilleures opportunités dans votre vie.

L'aventurine verte rééquilibre le chakra du cœur en vous aidant à mieux comprendre vos besoins et à sentir ce que votre cœur veut vraiment manifester. Elle élimine les peines de cœur et les blocages émotionnels causés par des erreurs ou des revers, et vous libère des schémas comportementaux néfastes. C'est un merveilleux cristal de réconfort en période de changement, qui vous assure que vous surmonterez tout, vous permet de voir les moments difficiles comme une chance de croissance et de renforcer votre résilience, en ayant foi en l'avenir.

Son énergie apaisante permet de calmer la colère et la nervosité, de se débarrasser du stress quotidien et d'harmoniser les émotions erratiques. En vous remettant en équilibre, vous pouvez mieux manifester ce que vous voulez, dans un état de bien-être. En travaillant souvent avec de l'aventurine verte dans vos rituels de manifestation, vous prenez les commandes de votre vie, armé de meilleures capacités de prise de décision, de motivation et de croyance en vos propres talents.

Avec l'aide de l'aventurine qui vous donne un regain d'appétit pour la vie, vous attirerez une meilleure fortune et avancerez en confiance. Elle vous aidera à voir que l'énergie positive que vous avez déployée dans le monde vous revient, ce qui est l'essence même de la manifestation de bons résultats.

Nettoyez l'aventurine verte souvent, car elle absorbe l'énergie négative.

Placez-la à l'extérieur, enfouie dans la terre à quelques centimètres de profondeur pour la recharger complètement.

Jade vert

IDÉAL POUR :
Aider à guérir le cœur pour attirer l'amour et l'amitié, équilibrer l'esprit, le corps et l'âme, concrétiser ses rêves avec calme et confiance.

ASPECT :
Vert foncé et vitreux ou plus clair, terne et cireux selon qu'il s'agit de néphrite ou de jadéite.

Le jade est le nom donné à deux minéraux différents : la néphrite, un silicate de calcium et de magnésium d'aspect vitreux, et la jadéite, un silicate de sodium et d'aluminium avec un aspect plus cireux. La meilleure façon de les distinguer est de les tapoter avec un objet dur : la néphrite sera mélodieuse, la jadéite non. Mais tous deux contribuent à protéger vos finances et à attirer davantage de richesses.

Depuis les temps anciens, le jade vert est utilisé pour apporter sagesse, abondance et prospérité. Il aide à se débarrasser de la négativité et à se voir tel que l'on est vraiment, plein de potentiel d'amour. Il apaise l'irritabilité, fait taire les monologues intérieurs destructeurs et met fin aux limitations que l'on s'impose et qui bloquent l'abondance. Cette pierre équilibre l'esprit, le corps et l'âme, ce qui permet à la manifestation de se produire plus facilement.

Le jade vert se connecte à votre enfant intérieur en lui apportant pureté, joie et spontanéité, desquelles proviennent toutes les bonnes idées et la créativité. Il vous apporte confiance, estime de soi et autonomie.

Au travail, placez un peu de jade vert sur votre bureau pour favoriser le succès, surtout lorsque vous essayez d'attirer de nouveaux contrats ou de négocier. Si l'on tente de vous noyer d'informations ou de chiffres, le jade vous permettra de garder l'esprit vif et votre discernement pour prendre la meilleure décision. Il suscitera de nouvelles idées et facilitera l'accomplissement des tâches. Frottez une petite pierre lisse de jade vert pour apporter le calme si vous êtes confronté à des situations difficiles ou si vous êtes débordé par les événements quotidiens.

Ce cristal vénéré est une puissante aide à la guérison du cœur, qui adoucit et équilibre tout bouleversement. Tenez-le sur votre cœur et vous sentirez ses puissantes énergies se propager dans tout votre corps. Laissez-le aider à guérir votre cœur, régénérer votre âme et soutenir votre esprit pour qu'il avance avec amour. Utilisez cette énergie renouvelée pour vous aider à chérir vos ambitions et à faire de ces désirs une réalité.

Le jade est la pierre sacrée des Maoris de Nouvelle-Zélande qui l'appellent « pierre verte ». Considéré comme une « pierre de rêve », le jade vert peut aider à recevoir des rêves porteurs de sens. Placez-le sur votre front pendant une méditation, ou avant de vous endormir pour vous souvenir des messages de vos rêves, les comprendre, et vous libérer des émotions refoulées qu'ils mettent en scène.

Laissez ce cristal vous rappeler que nous sommes tous des êtres spirituels en voyage, faisant de notre mieux. Portez un pendentif en jade vert tous les jours pour vous aider à devenir davantage ce que vous êtes vraiment, en vivant du fond du cœur, à chaque instant.

Péridot

IDÉAL POUR :
Trouver sa voie, attirer l'argent, la chance, la paix et l'amour, accroître le bien-être.

ASPECT :
Différentes nuances de vert olive, du clair au foncé le plus prisé.

Nos ancêtres croyaient, à juste titre, que le péridot était arrivé sur Terre par une explosion du soleil, et qu'il portait donc en lui la puissance du soleil.

Les Grecs de l'Antiquité pensaient que de cette gemme émanait une vibration de royauté, offrant à celui qui la portait une meilleure santé et une plus grande richesse. Ils gravaient l'image d'une torche sur un morceau de péridot pour encourager la manifestation de la bonne fortune.

Ce cristal qui symbolise le bien-être offre la paix, la chaleur et le rayonnement, revigore l'esprit et le corps pour les ouvrir à de nouveaux niveaux de conscience. Il vous reliera à la conscience divine, vous aidera à grandir spirituellement et à réaliser votre but le plus profond.

Méditez avec le péridot pour mieux comprendre et reconnaître vos tendances à l'auto-sabotage ou les émotions négatives qui vous empêchent d'avancer. Restez connecté à ce cristal pour réaliser votre vraie valeur, atteindre la perfection ultime et ressentir l'amour, l'acceptation et la gratitude – clés pour attirer la vie que vous souhaitez.

Le péridot émet avec puissance la fréquence de l'augmentation. En le portant en bijou, vous pouvez vous attendre à attirer plus de richesse, de bonheur et d'amour dans votre vie. Portez-le en pendentif et une énergie positive jaillira de votre cœur, en augmentant votre conscience de l'amour. Si vous portez le péridot en bracelet sur votre poignet projectif (droit si vous êtes droitier), vous partagerez facilement cette énergie aimante avec ceux qui vous entourent. En l'ayant sur votre main réceptrice (celle que vous n'utilisez pas souvent – à gauche si vous êtes droitier), vous pourrez constamment faire entrer plus de positivité, une meilleure santé et une plus grande prospérité.

Emportez quotidiennement du péridot dans votre poche comme porte-bonheur et pour garder votre énergie. Au travail ou à l'école, il peut vous donner confiance en vos talents, vous aider à faire une présentation convaincante et augmenter vos bénéfices. Véritable pierre de protection, il vous protégera de la jalousie, de la tromperie et des ragots.

Il peut également donner un coup de fouet à votre vie amoureuse, en vous permettant de surmonter vos peines de cœur, de vous libérer de la culpabilité ou des reproches et de vous pardonner, à vous et aux autres, afin que vous puissiez aller de l'avant dans la paix et le bonheur. Il vous aide à vous satisfaire de votre vie, à vous tourner vers l'intérieur pour obtenir des conseils et à apprécier l'indépendance et l'acceptation.

Pyrite

IDÉALE POUR :
Manifester la richesse, passer du manque à l'abondance.

ASPECT :
Doré argenté brillant, en amas, souvent en cubes.

La pyrite est surtout connue sous le nom « d'or des fous », car les chercheurs d'or la prenaient pour de l'or véritable. Elle est en fait d'une couleur plus claire, plus dure et plus fragile que l'or naturel. Le brillant de la pyrite, qui se présente sous forme cubique, attirera l'argent si vous travaillez régulièrement avec elle.

Son nom vient du mot grec *pyr* ou *pyros*, qui signifie feu, car elle crée des étincelles lorsqu'on l'entrechoque avec du métal ou de la pierre. Par conséquent, elle résonne avec l'énergie du feu, apportant chaleur, inspiration et confiance dans les domaines de la carrière et des finances en particulier. Cette pierre réveille le guerrier intérieur en nous tous, en stimulant la volonté, la concentration et la détermination – nécessaires pour attirer le meilleur de la vie.

C'est une pierre masculine d'action et d'ambition, parfaite pour attirer plus de richesse et d'abondance. Elle est connectée au chakra du plexus solaire et, lorsqu'on la tient proche de lui, elle envoie un flux de pouvoir dans cette zone qui ravive le feu de votre joie de vivre. Cela vous aide à surmonter toute anxiété ou tendance destructrice et à établir une base solide pour de nouvelles habitudes plus positives et plus productives afin que rien ne vous arrête dans vos accomplissements.

Servez-vous de la pyrite en méditation comme d'un miroir de vous-même, en la laissant vous montrer les causes et les solutions à tout sentiment de dévalorisation qui vous empêchera de manifester pleinement votre abondance. Tenez un fragment de pyrite dans votre main tout en regardant votre reflet dans un miroir. Regardez avec de l'amour dans vos yeux et dites « Je suis digne de réussir maintenant ».

Méditez avec de la pyrite pour stimuler votre énergie artistique et vous donner un élan créatif si vous travaillez dans les arts, l'architecture ou les sciences. La pyrite vous aide à vous engager dans des projets à long terme et constitue donc une excellente pierre pour les étudiants. Elle vous protégera également contre les dangers, surtout si vous travaillez ou étudiez loin de chez vous.

Placez un morceau de pyrite à l'endroit où vous travaillez pour y apporter de l'énergie à haute fréquence, en éliminant le stress causé par les dettes ou le travail trop dur. Elle dissipera la désorganisation mentale ou la fatigue et amènera la clarté dans vos pensées, une concentration et un enthousiasme renouvelés. Elle peut renforcer vos compétences en matière de prise de responsabilités et vous donner l'élan nécessaire pour demander et obtenir une promotion. Si vous avez une carte de visite, mettez un peu de pyrite dessus pour attirer le succès et de nouvelles opportunités de carrière.

Quartz rose

IDÉAL POUR :
Attirer l'amour inconditionnel, le romantisme et l'aide à la guérison.

ASPECT :
Quartz à teinte rosée due à des traces de titane, de fer ou de manganèse.

Le quartz rose est connu comme « la pierre de l'amour » et on dit que grâce au légendaire Cupidon elle a répandu l'amour, la chaleur et la passion. Ce quartz rose clair apporte la paix et le calme dans les relations et fait disparaître la peur, le ressentiment et l'anxiété, vous laissant ainsi insouciant et ouvert à l'amour. Les Égyptiens croyaient tellement en ses capacités d'aide à la guérison qu'ils ornaient leurs masques de quartz rose, convaincus de ses vertus pour éclaircir le teint et prévenir les effets du vieillissement.

On a retrouvé des perles de quartz rose datant de 7 000 ans avant notre ère, en Mésopotamie, l'actuel Irak.

Que l'on souhaite augmenter son amour de soi, apaiser une querelle familiale ou attirer un nouvel amour dans sa vie, le quartz rose est un cristal incontournable dans toute collection.

Placez un quartz rose pour faire baisser votre stress et favoriser le repos, et ainsi faire une bonne nuit de sommeil tout en augmentant vos vibrations amoureuses. Utilisez-le pour ouvrir votre chakra du cœur et accueillir l'amour dans votre vie. Allongez-vous sur le dos dans un endroit confortable. Prenez quelques respirations profondes. Placez maintenant un petit morceau de quartz rose au centre de votre poitrine, là où se trouve votre chakra du cœur. Inspirez son énergie, en imaginant sa douce teinte rose qui remplit tout votre corps d'amour. Voyez cette douce énergie rose de l'amour nettoyer votre chakra du cœur de toutes les blessures de vos relations passées ou liées à votre éducation. Laissez-le dissoudre toute la négativité de vos anciens schémas de couple. Continuez à respirer cette énergie d'amour apaisante et chaude du quartz rose tout au long de votre journée.

Portez le quartz rose comme pendentif près de votre chakra du cœur pour l'ouvrir plus grand encore. Vous pouvez aussi porter une petite pierre de quartz rose dans votre poche toute la journée pour la toucher chaque fois que vous ressentez le besoin d'une énergie nourrissante. Gardez un morceau de quartz rose sur votre table de chevet pour que l'énergie amoureuse reste forte dans votre relation actuelle.

Installez un autel pour l'amour dans la zone d'amour de votre maison ou de votre chambre à coucher pour faire venir une relation amoureuse dans votre vie. En feng shui, cet autel se trouvera dans la partie droite d'une pièce ou du plan de votre logement. Placez un cœur en quartz rose avec deux bougies rouges ou roses à allumer quotidiennement et méditez sur le véritable amour qui entre dans votre vie. Ajoutez sur l'autel d'autres paires symbolisant l'amour, comme des photos de couples heureux ou d'amoureux pour augmenter vos chances.

Œil-de-tigre

IDÉAL POUR :
La chance et le courage dans les nouvelles entreprises, le flux créatif, la volonté de s'adapter aux changements.

ASPECT :
Des rayures satinées brunes et dorées, façon « œil-de-chat ».

L'œil-de-tigre est un talisman ancien dont on dit qu'il porte chance et qu'il apporte une grande fortune. Les Égyptiens de l'Antiquité croyaient qu'il transmettait la puissance du dieu soleil Râ, tandis que les Romains portaient cette gemme au combat pour se montrer courageux. Considéré comme réceptacle du pouvoir du soleil, mais aussi de la terre, l'œil-de-tigre aide à transformer l'énergie pure en réalité pratique et en succès tangible.

C'est une excellente pierre de méditation si vous envisagez un nouveau projet ou si vous avez des opportunités financières, car elle vous guidera vers des décisions équilibrées et rationnelles pour réussir. Gardez un fragment de cette pierre dans votre bureau ou votre espace de travail à la maison pour manifester votre bonne fortune et attirer un revenu régulier, surtout si vous êtes entrepreneur. Elle vous aidera à rester concentré sur la tâche qui vous attend et à exploiter au mieux vos talents.

Grâce à son accès multidimensionnel, l'œil-de-tigre peut vous aider si vous cherchez une nouvelle perspective, car elle montre qu'il existe de nombreuses façons de réussir financièrement.

En vous concentrant sur cette pierre précieuse, vous sortirez des sentiers battus et trouverez des solutions intéressantes et créatives. Si vous devez présenter vos idées lors d'une réunion, vous produire en public ou passer un examen, cette pierre précieuse audacieuse vous aidera à surmonter vos craintes. Elle apporte également la sagesse dans les dépenses. Il est donc opportun de l'utiliser pour attirer la richesse.

Si vous souhaitez adopter un mode de vie plus sain, portez un œil-de-tigre pour stimuler votre volonté et votre énergie afin de vous aider à opérer les changements dont vous avez besoin. On dit qu'elle atténue l'envie de fumer ainsi que le sentiment de ne pas être à la hauteur, et qu'elle vous aide à persévérer dans la difficile transition vers un mode de vie sain.

L'œil-de-tigre peut également contribuer à améliorer les relations familiales. Le fait d'en avoir un morceau bien visible dans la maison rééquilibrera et apaisera les relations tendues, favorisera l'harmonie et vous permettra de trouver un terrain d'entente. C'est l'une des meilleures pierres pour offrir une solution calme à toute crise. Les conseillers conjugaux, les médiateurs professionnels ou toute personne devant entreprendre des négociations difficiles devraient posséder un œil-de-tigre.

Pour faire un charme de prospérité avec l'œil-de-tigre, gardez en un fragment dans une tirelire et ajoutez une pièce chaque jour. Gardez cette tirelire dans un coin chaud pour faire fructifier la richesse.

Quartz titane arc-en-ciel

IDÉAL POUR :
L'éveil de tous les chakras, l'expression créative, la réalisation ultime.

ASPECT :
Quartz aux couleurs chatoyantes de l'arc-en-ciel.

Le quartz titane arc-en-ciel est un cristal de roche qui a été chauffé au titane pour lui donner son éclat arc-en-ciel. Fabriqué par l'homme, le cristal titane est le plus puissant des quartz enrobés, le titane – que l'on connaît également sous le nom de « métal de pouvoir » – amplifiant considérablement les effets du « maître guérisseur » qu'est le quartz. Par conséquent, cette pierre métallique est souvent appelée « cristal de manifestation ».

Ce cristal vibrant se connecte à tout le système des chakras et l'*énergise*. Il envoie l'énergie de la kundalini dans la colonne vertébrale pour stimuler votre humeur et vous aider à prendre conscience et à vous concentrer sur ce dont votre âme a besoin pour son évolution.

Parce qu'il provoque un changement multidimensionnel dans votre vie, on dit de lui qu'il réveille vos désirs les plus intimes et des parties de vous qui étaient en sommeil, afin que vous puissiez offrir au monde une plus grande part de votre être véritable. Il vous aidera à découvrir votre but, mais si des doutes ou des questions émergent, portez un pendentif en quartz titane autour du cou et les solutions se manifesteront.

Avec son éclat arc-en-ciel symbolisant la guidance angélique, avoir cette pierre sur vous vous aidera à entrer en contact avec le royaume supérieur de l'inspiration et de la sagesse. Cela libérera votre aura de tous les blocages qui vous empêchent de manifester pleinement votre potentiel et accélérera tous vos projets. Au fur et à mesure que vous vous connectez à la guidance spirituelle par la méditation, ce cristal vous donnera la confiance nécessaire pour communiquer les messages que vous recevez et demander à l'univers de vous accorder ce que vous désirez vraiment.

Également connu sous le nom de *quartz aura flamme*, il peut être une excellente muse et vous aidera à trouver des façons créatives de vous exprimer. Il apportera un sens du timing parfait à ce que vous dites et vous aidera à penser clairement avant de parler afin que vos mots soient accueillis de manière positive.

Placez une géode de quartz titane arc-en-ciel sur votre bureau, sur votre lieu de travail, pour vous aider à rédiger des e-mails, des articles ou des rapports. Si vous avez un projet de roman, ce cristal peut aider à le réaliser, en vous donnant de l'inspiration.

Laissez le quartz titane arc-en-ciel attirer plus d'énergie, d'humour et de plaisir dans votre vie. Cela vous permettra de vous détendre et de faire confiance à vos rêves et désirs les plus profonds pour qu'ils se réalisent.

C'est un minéral qui convient à tous les signes astrologiques. Il contient toutes les couleurs de l'arc-en-ciel et stimule tous les chakras.

Cristaux pour la manifestation

Voici quelques conseils généraux sur l'utilisation des cristaux pour la manifestation, ainsi que des combinaisons spécifiques qui fonctionnent particulièrement bien.

- Choisissez un ou plusieurs des cristaux ci-dessus, ceux qui résonnent le plus en vous ou qui représentent ce que vous voulez attirer et placez-les dans un sachet à charmes. Prenez le temps de tenir et regarder chaque pierre que vous placez dedans tout en énonçant son but ou en visualisant le résultat. Emportez ce sachet à charmes avec vous pour vous soutenir et réaliser vos souhaits.
- Pour manifester votre succès et votre liberté financière, placez un petit bol contenant des cristaux financiers tirés de cette rubrique dans le coin qui est à gauche de votre maison ou de votre bureau lorsque vous êtes à l'extérieur face à la porte d'entrée. C'est la zone de l'argent et de la carrière du feng shui. Elle doit être libre de tout encombrement et comporter des images ou des objets décoratifs qui vous aident à avoir confiance en vos capacités et à attirer le succès.

- Associez la moldavite au quartz titane arc-en-ciel pour former une puissante combinaison qui vous transformera à l'intérieur comme à l'extérieur. Le quartz titane vous fera vibrer de façon positive, tandis que la moldavite vous rendra beaucoup plus conscient des synchronicités dont la fréquence s'accentue. Ils vous prépareront à les saisir pour faire avancer votre vie de manière positive.

- Pour donner un coup de pouce à votre vie amoureuse, placez des cristaux pour manifester l'amour et la séduction, comme le quartz rose, dans le coin sud-ouest de votre maison. Dormir avec du quartz rose sous votre lit ou sur votre table de chevet fonctionne de la même manière pour raviver la flamme.

- Associez le quartz rose à l'aventurine verte pour attirer un nouvel amour véritable. Aphrodite, déesse de l'amour, est symbolisée par le quartz rose tandis que Tara, déesse de la nuit, et Perséphone, déesse du printemps, ajoutent séduction et dynamisme à l'aventurine verte.

- Méditez avec la pierre de lune et le quartz rose. Ensemble, ils aligneront vos chakras pour vous rendre rayonnant de charme divin, pour éveiller votre intuition et vous faire prendre conscience de vos émotions les plus profondes. Vous saurez si une nouvelle relation est la bonne. Cette combinaison convient pour toute personne ayant une relation établie afin de la maintenir ancrée dans l'amour.

- Pour manifester un désir de famille, placez un morceau d'ambre arrondi avec un cristal de jais pointu dans un sac en tissu rouge noué par un ruban rouge à trois nœuds. Placez ce sac à charmes de fertilité sous le lit pendant les moments d'intimité.

Une grille de cristaux

La mise en réseau de quelques cristaux de manifestation dans une grille les rend d'autant plus puissants que leurs énergies sont combinées à la géométrie sacrée de la configuration dans laquelle vous les disposez, amplifiant de la sorte leur capacité à attirer ce que vous désirez.

Imprimez ou dessinez la trame géométrique de la graine de vie qui représente les sept étapes de la création. Ce dessin sacré représente la carte d'une infinité de chemins possibles et de nouveaux départs, ce qui en fait un excellent outil pour focaliser votre intention et manifester tout ce que vous voulez dans la vie. Ce symbole combiné aux cristaux vous aidera à atteindre votre but en harmonie, honnêteté et équilibre avec vos intentions profondes et ce qui, selon une conscience supérieure, est bon pour vous.

✧ Assurez-vous d'abord que les cristaux que vous utilisez ont été nettoyés et chargés pour être connectés à l'énergie de l'autre.

✧ Placez au centre un quartz blanc à forte amplification et super attracteur, puis ajoutez ces pierres aux emplacements qui vous semblent appropriés.

✧ La iolite révélera les véritables désirs de l'esprit et du cœur, stimulera votre imagination pour visualiser ce que vous voulez et attirera puissamment vers vous votre vie de rêve.

- Il est bon d'avoir un peu de pyrite d'ancrage et de protection sur votre grille pour sa puissance dans la manifestation de la richesse.
- Ajoutez une citrine pour apporter l'abondance et le bien-être.
- Le jade, pierre précieuse de la chance et de la prospérité, doit s'ajouter ici, pour ouvrir doucement le chakra de votre cœur afin d'attirer ce qu'il désire profondément.

Lorsque vous ajoutez chaque cristal à la grille, prenez bien le temps de sentir sa fréquence et chargez-le de votre intention pour manifester un nouvel amant, un emploi ou plus d'argent.

Asseyez-vous en regardant la grille et méditez sur les cristaux qui opèrent pour vous apporter vos désirs au bon moment. Le moment le plus propice pour créer une telle grille est une nouvelle lune, puis laissez-la agir dans votre zone de méditation ou sur un autel pendant un mois lunaire pour que sa magie opère.

Les meilleurs cristaux pour le foyer

Choisissez les bons cristaux pour certaines zones de votre maison, ils vous aideront à vous protéger contre les dangers, à apporter la paix ou à vous donner l'énergie nécessaire.

Les cristaux à la maison

Avoir des cristaux chez soi ne peut que vous rendre plus heureux. Lorsqu'ils sont nettoyés avant chaque utilisation, programmés avec une intention consciente et placés au bon endroit, ils vous aident dans bien des domaines de votre vie. Sur le plan émotionnel, ils peuvent éliminer les blocages et les habitudes qui vous empêchent de vivre la vie que vous voulez et que vous méritez. Certaines pierres comme la célestine et la calcite bleue peuvent vous remonter le moral, vous aider à trouver votre but et vous amener à vous concentrer sur la réalisation de vos objectifs. Sur le plan physique, les pierres peuvent vous aider à vous calmer, à guérir et à neutraliser les mauvaises vibrations. Spirituellement, l'améthyste, le péridot et le cristal de roche, entre autres, peuvent vous permettre de méditer plus profondément, de vous connecter à des dimensions plus élevées et vous aider à vivre d'une nouvelle façon consciente et joyeuse.

Les cristaux parsemés dans votre maison, votre espace de travail et votre jardin, émettent leur énergie dans les zones où ils sont placés. On dit que l'agate blue lace calme les enfants, tandis qu'un gros fragment de sélénite dans une maison peut instaurer une atmosphère paisible et positive pour apaiser les relations. D'autres pierres précieuses encouragent l'organisation, une nouvelle histoire d'amour ou facilitent la communication. Elles peuvent également constituer de magnifiques bâtons de parole dans la maison et sublimeront votre décoration.

Un petit bol de vos cristaux préférés peut permettre à l'atmosphère de cette pièce de rester équilibrée et optimiste, même après une dispute, de la tension ou du changement. Il peut encourager les gens à coopérer et à ne pas se disputer. Des astuces simples liées aux cristaux consistent à garder un morceau de citrine dans votre portefeuille pour faire fructifier votre richesse, ou à mettre un morceau d'agate mousse sous le couchage de votre animal

de compagnie pour l'aider à se poser.

Les pierres exerceront également leur magie selon le feng shui, l'art chinois ancestral qui facilite la circulation de l'énergie dans la maison. Votre maison ou votre chambre est ainsi divisée en différentes sections qui reflètent les différents domaines de votre vie. Par exemple, le coin gauche de votre pièce est la zone de la carrière et de la richesse, il est donc souhaitable que des pierres comme la citrine et le jade y soient présentes, pour créer une énergie dynamique et réussie.

Les cristaux peuvent également contribuer à notre santé en nous protégeant des effets néfastes de la fréquence électromagnétique et des radiations accrues de la technologie moderne. Si vous placez de la shungite, de la tourmaline noire ou du quartz fumé entre vous et votre appareil, celle-ci absorbera toute énergie potentiellement nuisible.

La fabrication d'élixirs de cristal pourrait aussi vous être utile. Il suffit de laisser le cristal choisi dans une bouteille d'eau au réfrigérateur, pendant la nuit, pour que ses énergies infusent dans le liquide. Ensuite, buvez cette eau quand vous avez besoin de son énergie ou préparez du thé à vos invités pour leur transmettre les bonnes vibrations.

Quelle que soit la manière dont vous souhaitez utiliser les cristaux dans votre maison, entourez-vous de la bonne quantité. Faites un choix intuitif, gardez-les propres et demandez-leur d'agir pour vous dans les domaines les plus nécessaires.

Ambre

IDÉAL POUR :
L'harmonie et le bonheur dans le foyer, attirer l'amour, garder le calme.

ASPECT :
Le plus souvent transparent, doré, jaune ou parfois brun. Peut contenir des insectes ou des plantes fossilisés.

L'ambre est l'un des trésors les plus anciens et les plus prisés du monde. Sa présence date de 30 à 60 millions d'années dans la Baltique et il n'est en fait pas un cristal, mais une résine fossilisée provenant d'anciens conifères. Comme il renferme parfois des plantes ou des insectes, on disait que l'ambre contenait l'essence de la vie et il était considéré comme la pierre de la déesse mère, reliée au soleil et au feu. On l'utilisait comme amulette de guérison et de protection dans l'Égypte ancienne, à l'époque crétoise (2 000 av. J.-C.) et au Moyen Âge en Europe. Le commerce de cette substance qui rappelle le soleil est à l'origine des routes commerciales préhistoriques dans le monde.

En tant que charme protecteur, l'ambre est une bonne pierre à avoir chez soi pour attirer la prospérité et créer une atmosphère de gaieté calme et de respect mutuel.

Si c'est un nouvel amour que vous souhaitez dans votre vie, portez-le en pendentif. Il se connecte au plexus solaire et au chakra sacral pour vous donner l'énergie et la motivation nécessaires pour agir selon vos désirs.

Illuminez votre maison avec la lueur dorée de l'ambre et laissez son énergie chaude et ensoleillée apporter la paix et la stabilité à votre maison. Elle absorbe l'énergie négative et la transforme en énergie positive, on en brûlait autrefois comme de l'encens à cette fin. Un gros fragment d'ambre au centre d'une pièce peut dissiper la dépression et l'anxiété, et renforcer la confiance en soi pour que votre éclat intérieur brille. Créez un espace douillet avec des coussins dans votre maison pour vous détendre et regarder un morceau d'ambre rougeoyant tous les jours en hiver afin de chasser les troubles émotionnels saisonniers.

Dans une maison familiale, l'ambre aidera les enfants à se détendre, à parler avec assurance et à rester calmes. Il est utilisé depuis des siècles pour protéger les enfants et atténuer les douleurs dentaires. Il protège également contre les conflits, là encore en recyclant l'énergie négative de la pièce et en la transformant en énergie positive.

L'ambre aide le corps à se guérir lui-même. Nécessaire dans le monde d'aujourd'hui, il peut protéger de la pollution électromagnétique des gadgets technologiques, alors placez ce cristal à côté des ordinateurs et des téléphones. Si vous vous asseyez à côté de ce minéral pendant que vous travaillez, il équilibrera votre propre système électromagnétique et vous aidera à vous débarrasser des maux de tête causés par le stress.

Bien qu'il soit généralement orange doré, l'ambre peut aussi être bleu, violet, vert ou noir.

Obsidienne noire

IDÉALE POUR :
La protection, absorber le stress et les vibrations négatives.

ASPECT :
Noir pur et brillant ou brun très foncé.

L'obsidienne est faite de terre, d'eau et de feu et s'est formée à partir de lave en fusion dans les derniers stades des éruptions volcaniques. On l'aiguisait et l'employait déjà comme outil il y a 7 000 ans.

L'obsidienne est connue comme la pierre miroir parce qu'elle était autrefois polie et utilisée dans la fabrication des miroirs, pour la décoration de haut rang et la divination par les Mayas et d'autres civilisations anciennes. C'est toujours un bon outil de divination pendant la méditation, car elle peut aider à voir l'avenir et à contacter le monde des esprits.

La présence d'obsidienne dans votre maison en fera un véritable havre de paix. Connue sous le nom « d'aspirateur psychique », elle élimine l'énergie négative de son environnement. Pierre protectrice, elle constitue une barrière contre les cambriolages, les hôtes indésirables, les brimades des tiers et les attaques psychiques, vous permettant de vous retirer du monde en toute sécurité.

Sa couleur sombre est réputée pour renforcer votre lien avec le monde naturel et physique. Placez un grand morceau sur une table ou un mur de votre jardin et laissez l'obsidienne vous donner de la force et de la puissance, surtout si vous vous êtes senti vidé ou si vous avez eu peur de la vie terrestre en cette période tumultueuse.

L'obsidienne noire, brillante, apporte un soutien en période de changement, bloque le stress et l'anxiété du quotidien pour vous aider à vous détendre. Si vous trouvez que vous dépensez trop, ou que vous vous laissez aller à des excès, le charme de l'obsidienne peut vous aider à vous maîtriser. Cependant, c'est aussi une pierre de vérité puissante et méditer avec elle révélera vos insécurités les plus profondes et vos schémas destructeurs. Ceux-ci ne sont peut-être pas faciles à affronter, mais lorsque vous serez prêt, vous pourrez utiliser l'obsidienne noire pour vous aider à guérir votre côté obscur et à devenir plus équilibré.

Si vous rencontrez des obstacles à votre carrière, placez l'obsidienne dans la zone carrière de votre domicile (le coin gauche en regardant vers l'intérieur depuis la porte d'entrée). Une petite sphère placée à cet endroit, ou un bol d'obsidiennes vous aidera à rééquilibrer votre énergie au travail, à absorber le stress et à inspirer la créativité pour que votre vie puisse à nouveau se dérouler sans heurts.

Ne posez pas l'obsidienne sur le sol ou à un endroit où elle risquerait d'être négligée, elle doit être régulièrement nettoyée de toute l'énergie négative qu'elle absorbe. Pour ce faire, placez-la sous une source de lumière.

Agate blue lace

IDÉALE POUR :
Mettre en place une atmosphère calme, une communication claire.

ASPECT :
Bleu très pâle avec des bandes blanches ou bleu plus foncé.

L'agate blue lace, avec son énergie bleu clair et sa fréquence plus lente que beaucoup d'autres cristaux, apportera une énergie calme et paisible dans n'importe quel foyer. Parfois associée à la Vierge Marie, et donc à la maternité, cette pierre nourrit et soutient ; elle apaise les enfants bouleversés et aide les guérisseurs à augmenter leurs capacités.

Utilisez ce cristal à la maison ou au travail pour chasser la colère et apporter la paix dans toute situation ou réunion où il pourrait y avoir un différend entre les personnes. Faites tremper de l'agate blue lace dans une bouteille d'eau pendant la nuit pour en faire un élixir à offrir à votre famille, vos amis ou vos collègues. Cela permettra d'éviter les confrontations et de s'assurer que les critiques sont exprimées avec gentillesse.

Posez des pierres d'agate blue lace sur votre bureau au travail pour transformer toute vibration négative et inutile en une énergie plus positive et productive. Placée sur une table de nuit, son énergie apaisante et tranquille soulagera grandement l'anxiété, le stress ou la nervosité.

Elle vous aide à trouver votre voie à prendre confiance en vous et à apprendre à vous exprimer de manière authentique et bienveillante. Portez-la sur un collier ras-de-cou pour que sa magie opère pleinement sur le chakra de la gorge avec lequel elle est en correspondance, en l'ouvrant et en l'éclaircissant pour que vos mots soient bien choisis et puissent sortir librement.

L'agate dentelle fonctionne aussi très bien pour ancrer et stabiliser les hauts et les bas, la lumière et l'obscurité en nous. Si vos frères et sœurs ou vos enfants ne cessent de se chamailler, de vous stresser et de vous mettre en colère, allumez quelques bougies bleues entourées de fragments d'agate blue lace pour ramener la sérénité dans votre foyer.

Dans le feng shui, l'agate bleue émet l'énergie calme, forte et pure de l'eau. Cet élément apporte la renaissance et la régénération dans votre vie. Associez-la à l'énergie fluide, bénéfique et puissante de l'eau aux endroits de votre maison où vous sentez qu'elle est la plus nécessaire. Traditionnellement, l'élément eau se trouve au nord de la maison, dans la zone associée à votre parcours de vie et à votre carrière. Placez-y ce cristal et vous verrez votre carrière se dérouler plus facilement. Vous pouvez également en placer un fragment dans la partie est de votre maison pour améliorer votre santé, dans la partie sud-est pour l'abondance et dans la partie sud-ouest pour augmenter vos chances d'amour et de mariage.

Célestine

IDÉALE POUR :
Se connecter au royaume angélique, calmer les atmosphères, apaiser les relations tendues.

ASPECT :
Généralement des agrégats et des géodes de couleur bleu clair, mais on peut les trouver en blanc, orange, rouge et marron.

La célestine possède une énergie douce et stimulante, qui nettoie son environnement, permettant de vous détendre et de sentir la présence du royaume céleste. Ce cristal remplira votre maison d'une atmosphère calme, favorisant la circulation de l'énergie divine. Il vous aidera à vous connecter aux guides angéliques et à votre conscience supérieure.

La douce énergie émise par la célestine active les chakras de la gorge, du troisième œil et de la couronne, vous permettant de développer facilement votre intuition spirituelle. Allongez-vous en méditation avec des pierres placées sur ces chakras et vous vous sentirez flotter sans effort vers un état méditatif encore plus profond, où vous capterez clairement les messages des guides spirituels.

Les peurs et les insécurités disparaîtront grâce à la présence de ce cristal dans votre maison, lorsque vous réaliserez que vous êtes en sécurité et protégé par vos guides.

Si une pièce de votre maison vous semble chaotique ou pleine de turbulences émotionnelles, placez un morceau de ce cristal bleu clair à un endroit bien visible pour créer une harmonie paisible. Il fait renaître l'espoir et l'optimisme en cas de deuil ou de tristesse, et encourage la réconciliation, les discussions calmes et les moments de bonheur dans les relations tendues. En raison de sa capacité à apporter la tranquillité, cette pierre, parfaite pour la chambre à coucher ou votre espace de méditation, vous permettra de vous laisser aller doucement au sommeil ou à la tranquillité d'esprit. Elle vous aidera à vous souvenir de vos rêves et même à voyager dans l'astral.

Si vous avez des enfants, placez une célestine dans leur chambre pour apaiser les craintes qu'ils peuvent avoir de l'obscurité, et leur permettre de dormir plus facilement. Cette pierre leur offrira une protection de lumière blanche et permettra à leurs anges guides de se rapprocher.

Placée dans votre espace de travail, la célestine apporte clarté d'esprit, concentration et bonne fortune. Utilisez ce cristal ici pour éviter le stress et attirer les énergies positives. Il vous évitera de vous sentir accablé par une lourde charge de travail et vous permettra de vous sentir rétabli après une longue journée. Les artistes, les designers, les musiciens et tous ceux qui travaillent dans les industries créatives peuvent bénéficier de l'inspiration apportée par la célestine. Si votre travail implique de donner des consultations ou tenir une boutique de pierres, gardez une célestine sur vous en permanence pour maintenir votre lien spirituel, conserver une éthique forte et atteindre la prospérité.

La plus grande géode connue au monde, d'une largeur de plus de dix mètres, est faite de célestine et a été trouvée sur une île du lac Érié, en Amérique du Nord. Découverte lors de la réalisation d'un puits pour un établissement vinicole, elle a été convertie par le propriétaire du terrain en une grotte de cristal pour les visiteurs.

Fluorite

IDÉALE POUR :
La protection, l'organisation, progresser.

ASPECT :
Elle se décline en plusieurs couleurs : vert, bleu, violet, marron, et peut être transparente.

La fluorite est un cristal hautement protecteur, tant sur le plan physique que psychique. Dans les logements, elle est très efficace pour bloquer les fréquences électromagnétiques nocives des ordinateurs et des téléphones. Ce cristal est un must sur votre bureau et dans la pièce principale. Créez une trame de protection en fluorite autour de votre ordinateur, ou placez-en une entre vous et le matériel technique qui vous affecte de quelque manière que ce soit. Au bon endroit, la fluorite peut combattre les effets du stress géopathique, provenant des zones de perturbation du champ magnétique terrestre.

Si vous méditez régulièrement avec elle, cette pierre vous aidera à vous connecter à votre vrai moi, et à vous libérer des influences extérieures. La fluorite stabilise l'aura, purifie les énergies négatives et élimine le stress, vous poussant ainsi à aller de l'avant et faire de réels progrès.

Elle organise tout, de votre corps et de votre esprit, au désordre dans votre espace de travail et vos relations. Dans le salon, lorsqu'elle est libérée de l'encombrement extérieur, la fluorite favorise une atmosphère stimulante qui contribue au bon déroulement de vos réunions et renforce la sensation de détente.

La présence de fluorite dans votre maison structurera votre vie quotidienne, vous aidera à apprendre et à réfléchir plus rapidement, et améliorera votre conscience spirituelle et de l'instant présent. Si vous travaillez en groupe, au travail et surtout chez vous lors de cercles de guérison, de sessions d'enseignement ou de réunions de groupe, la présence de fluorite jaune dans la pièce favorisera l'unification. En encourageant l'esprit de coopération, elle peut même amener votre famille à se concentrer sur une tâche commune à accomplir.

La fluorite verte, en particulier, fonctionne bien dans le jardin, car elle attire les papillons. Méditez à l'extérieur avec elle et vous pourrez vous mettre à l'écoute des esprits présents dans la nature. Vous pouvez utiliser une fluorite de cette teinte pour soigner les plantes abîmées en la chargeant dans ce but, tenez-la au-dessus de la zone affectée puis placez-la dans le pot.

La fluorite bleue dans votre maison peut calmer ou revitaliser votre énergie selon les besoins. Essayez d'en faire une essence en la laissant dans l'eau pendant la nuit puis vaporisez-la dans la pièce.

Un nettoyage énergétique de la fluorite est souvent nécessaire, car c'est un cristal protecteur qui absorbe beaucoup d'énergie négative. Elle aime être placée dans un ruisseau ou un bol d'eau pendant la nuit.

Ce cristal fonctionne aussi hors de la maison. Laissez agir ses propriétés toute la journée en portant des boucles d'oreilles en fluorite ou une pierre que vous frotterez au creux de votre paume.

Jais

IDÉAL POUR :
La protection, absorber la négativité, l'ancrage.

ASPECT :
Noir charbon, mais en général poli.

Le jais n'est en fait pas un cristal, mais du bois fossilisé datant de l'Antiquité. On en découvre dans des tombes depuis des siècles. Utilisé depuis l'âge du bronze en bijouterie et en orfèvrerie, le meilleur jais venait du nord-est de l'Angleterre, d'où les Romains en importaient pour se protéger des entités maléfiques. Depuis lors, on pense qu'il protège des énergies négatives, de l'épuisement, de la violence ou de la maladie.

La reine Victoria portait un jais après la mort de son mari, le Prince Albert, car il était supposé soulager le deuil. Si votre maison est empreinte de tristesse, après un traumatisme ou la perte d'un être cher, à la suite d'un décès ou d'un divorce, placez un jais dans le salon principal. Cela vous aidera à accepter la fin d'une situation ou d'une relation afin de passer à la phase suivante de votre vie.

Le jais atténuera également l'anxiété et réduira les cauchemars, aussi il peut être bon de placer un cristal de jais dans les chambres des enfants. Si votre enfant a beaucoup de soucis, demandez-lui d'en parler tout en tenant du jais. Puis enterrez la pierre dans votre jardin pour lui ôter ses craintes.

Placez un cristal de jais face à la porte d'entrée ou la porte arrière de votre domicile pour repousser les mauvaises énergies. Il vous permettra de

rester ancré et de stabiliser tout domaine de votre vie, de soulager la dépression, ainsi que de relâcher de vieilles émotions. Si vous avez des problèmes d'argent, utilisez le jais pour équilibrer vos finances et prendre une longueur d'avance en ayant une gestion pratique de vos dettes. Placez un fragment dans la caisse enregistreuse au travail, ou dans la zone richesse/argent de votre maison – le coin arrière-gauche – pour vous aider à retrouver votre prospérité.

Si vous êtes attiré par un jais dans une boutique, il est probable que vous soyez une âme ancienne, pourvue de nombreux souvenirs de vos vies passées. Méditez avec cette pierre pour accéder à celles-ci, car le jais agit pour le développement spirituel comme un portail vers le passé et les autres dimensions. Il se connecte au chakra racine et éveille l'énergie de la kundalini. Lorsqu'il est placé sur le chakra du cœur au cours d'une méditation allongée, il fera circuler cette énergie dans tous les chakras jusqu'à celui de la couronne, et purifiera votre système en profondeur.

Si vous venez d'hériter d'un bijou en jais qui se transmet de génération en génération, assurez-vous de bien le nettoyer avant d'en faire usage, car il aura absorbé beaucoup du précédent propriétaire. Enterrez le jais toute une nuit pour le libérer de l'énergie des autres.

Le jais purifie toutes les autres pierres. Placez-les donc ensemble dans un bol et laissez-le agir une nuit.

Agate mousse

IDÉALE POUR :
Les nouveaux départs, se connecter à la nature, calmer les animaux.

ASPECT :
Blanc laiteux ou translucide avec des veinules de manganèse ou de fer formant des motifs similaires à la mousse ou au lichen. Elle peut être parfois vert foncé avec des inclusions de bleu.

Parce qu'elle contient de la matière végétale, l'agate mousse est souvent appelée « pierre du jardinier », elle favoriserait l'agriculture et la croissance des plantes. Dans plusieurs cultures anciennes, on vénérait l'agate mousse comme une pierre de bonne fortune, y compris chez les autochtones d'Amérique, qui l'utilisaient pour faire venir la pluie. Les Européens quant à eux l'offraient aux esprits gardiens des vergers, des champs et des jardins pour s'assurer une bonne récolte.

Enterrez ce cristal aux côtés de vos plantes, dans un pot ou une jardinière pour leur apporter santé et abondance. L'agate mousse peut vous aider à communiquer avec les esprits de la nature et les deva qui peuvent contribuer au succès de vos cultures. Pierre nourricière qui encourage la patience, la paix et la stabilité face aux aléas de la vie, l'agate mousse invite au calme surtout lorsqu'elle est disposée dans votre lieu de vie.

Elle aide à la résilience, dévoile les côtés positifs de la personnalité et permet à tout le monde de mieux s'entendre. C'est un cristal tout à fait merveilleux pour une chambre ou un espace de méditation, qui vous aidera à contempler calmement votre évolution spirituelle et l'interconnexion de la vie.

Selon le feng shui, l'agate mousse apporte l'énergie du bois dans votre foyer, attirant ainsi la bonne santé, la vitalité et la force, en particulier lors de nouvelles entreprises tel un projet créatif, ou l'arrivée d'un enfant. Placez une agate mousse sur la table à manger pour booster les nutriments de vos repas. Ajoutez-en une à la collection de vos enfants pour leur assurer une bonne croissance et une bonne santé. Si vous entamez un nouveau projet dans le cadre de votre travail, placez une agate mousse sur votre bureau pour aider celui-ci à se développer.

Au travail, une agate mousse placée sur votre bureau attirera petit à petit une promotion ou une augmentation. Elle stimulera tout particulièrement les entreprises nouvellement créées et sera votre talisman si vous êtes à votre compte. Gardez une pierre à proximité si vous faites vos comptes ou votre déclaration fiscale, car elle vous aidera à faire des économies.

L'agate mousse aide aussi les animaux. S'ils sont hyperactifs, nerveux ou agressifs, vous pouvez placer une petite pierre sous leur couchage pour les calmer – cela fonctionne particulièrement bien chez les animaux abandonnés.

Des représentations de la Vierge Marie, de Jésus, de Jean-Baptiste, d'anges et de diverses autres figures humaines se sont manifestées dans des pierres d'agate mousse, et peuvent être trouvées au sein d'églises ou de musées du monde entier.

Shungite

IDÉALE POUR :
L'ancrage, le soin et la protection contre les radiations et la pollution électromagnétique.

ASPECT :
D'aspect noir, huileux ou terne. La shungite élite, elle, a une teinte argentée et parfois des inclusions d'or.

Bien que la shungite soit présente sur la planète depuis au moins deux millions d'années, son utilisation dans les foyers du monde entier reste relativement récente. Sa composition minérale en carbone contient des fullerènes, qui conduisent l'électricité tout en faisant écran aux fréquences électromagnétiques et aux radiations des technologies modernes. Les fullerènes contiennent de puissants antioxydants qui absorbent et éliminent les dégâts causés à notre environnement et à notre corps.

Les recherches à leur sujet ont valu aux scientifiques le prix Nobel de la paix en 1996. Historiquement, on buvait de l'eau infusée de shungite pour aider à la guérison. Le tsar Pierre le Grand se serait rendu dans la région où l'on a découvert la shungite afin de profiter des bienfaits de son eau chargée de pouvoir.

Laissez tremper un morceau de la variété plus terne de shungite dans une bouteille d'eau pendant la nuit pour purifier l'eau et la charger des antioxydants bienfaisants du minéral afin de renforcer votre système immunitaire et votre bien-être général.

Boire cette infusion deux ou trois fois par jour aide à détoxifier le corps de tout polluant et à maintenir une croissance cellulaire saine. Des tests ont également révélé que la shungite est capable d'absorber les pesticides, les radicaux libres et les bactéries du corps. Elle peut même prévenir et atténuer les symptômes du rhume.

La shungite est un must chez vous pour réduire les radiations électromagnétiques par la mise en place de pierres seules ou en pyramide au pied des appareils, qu'il s'agisse d'un téléphone portable, d'un ordinateur portable ou d'un routeur wifi. Vous pouvez même faire coller des disques de shungite à l'arrière de votre téléphone pour absorber les rayons électromagnétiques potentiellement nocifs. Emportez une pierre avec vous si vous traversez les aéroports pour vous protéger de l'énergie émise par les scanneurs de la sécurité.

La shungite active tous les chakras, stimulant l'énergie et libérant l'esprit de la négativité. Si vos humeurs sont fluctuantes, ou si vous vous inquiétez beaucoup, méditer avec une shungite en main permet à la lumière de remplir votre corps et votre aura, ce qui chasse l'anxiété, la dépression et l'énergie négative extérieure.

Si vous souffrez d'insomnie ou de maux de tête dus à la tension, essayez de placer une sphère ou une pyramide de shungite près de votre lit pour combattre les effets du stress. Comme c'est une bonne pierre d'ancrage, il est bon de la placer dans votre jardin, de vous asseoir ou de vous allonger sur le sol et de méditer en la tenant pour offrir à votre corps une connexion à la terre plus vive et plus forte.

Il existe désormais de la peinture à la poudre de shungite pour les murs de votre maison qui vous protège des fréquences électromagnétiques provenant de sources extérieures, telles que les compteurs électriques intelligents, les panneaux solaires et l'éclairage public.

Quartz fumé

IDÉAL POUR :
L'ancrage, la protection, et dissiper les énergies négatives.

ASPECT :
Quartz translucide qui prend une coloration gris fumé, jaunâtre, marron ou noire.

Découvert vers 300 av. J.-C. et utilisé par les druides et les Celtes qui l'appelaient « morion », le quartz fumé est la pierre nationale de l'Écosse. Il est fréquemment utilisé dans les parures des highlanders ; il est l'une des pierres de pouvoir ornant le manche de la dague écossaise qui fait encore aujourd'hui partie de l'équipement national du pays.

Le quartz fumé est formidable pour éliminer les énergies négatives, ancrer votre corps physique et éliminer le stress. Placez-le dans votre chambre si vous avez du mal à dormir, pour mettre fin au brouhaha de votre esprit, et vous aider à trouver le sommeil.

C'est également une bonne pierre pour bloquer les ondes géopathiques et électromagnétiques qui peuvent être nocives pour le corps. Placez-la près de votre téléphone sans fil ou au-dessus des lignes énergétiques perturbées pour empêcher que leur énergie vous affecte. Ou bien, asseyez-vous avec ce cristal à la main quand vous vous sentez submergé par cette pollution électronique.

En lien avec le chakra racine, ce cristal puissant augmentera votre connexion à la terre, inspirant en vous une conscience environnementale ainsi que la fierté de vous être incarné à cette époque.

Il procure force et stabilité, ainsi qu'une protection contre les attaques psychiques et le stress physique ou émotionnel. Tenez-vous dans votre jardin sur l'herbe, votre quartz fumé dans votre main non dominante, la pointe vers le bas, et ressentez la négativité vous quitter et rejoindre la terre.

Ce cristal protège également votre maison, votre lieu de travail et votre véhicule des vols, des cambriolages et des dégâts causés par les autres.

Utilisez du quartz fumé dans toutes les zones principales de votre maison pour contrer les mauvaises humeurs ou les méchancetés qui vous heurtent. Laissez son énergie chasser la déprime, encourager les pensées positives et amener passion et vitalité dans votre vie.

En cas de harcèlement ou de ragots sur votre lieu de travail, disposez du quartz fumé foncé sur votre bureau, en demi-cercle, pointes tournées vers l'extérieur, pour vous aider à rester calme et concentré sur votre tâche.

Portez-le en pendentif pour booster vos instincts de survie et aider vos objectifs de carrière à se réaliser. Si vous devez garder la tête froide, vous organiser ou vous concentrer sur des calculs, placez le cristal à côté de vous pour vous faciliter la tâche.

Il est possible que vous perceviez davantage de phénomènes psychiques, tels que des fantômes, des esprits guides, ou les ovnis, lorsque vous portez du quartz fumé, car il les attire dans le champ de votre aura afin que vous puissiez les voir avec plus de facilité.

Turquoise

IDÉALE POUR :
Qualités de leadership, communication claire, prospérité et succès.

ASPECT :
Matériau turquoise de cuivre et d'aluminium, avec des mouchetures verdâtres de fer à l'intérieur.

La turquoise est l'une des plus anciennes pierres utilisées par les humains, dont des fragments datant de 5 000 av. J.-C. ont été retrouvés en Iran. Dans l'Égypte ancienne, où on a commencé à l'extraire en 3 200 av. J.-C., Hathor, déesse de l'amour, du mariage, de la musique et des femmes, était connue sous le nom de « dame de la turquoise ». A contrario, dans de nombreuses cultures autochtones américaines, la turquoise était considérée comme une pierre de pouvoir masculin que seuls les guerriers étaient autorisés à porter. Dans les ruines mexicaines, 9 000 pierres de turquoise ont été découvertes dans la tombe d'un seul chef guerrier.

À la maison, la turquoise harmonise les énergies masculines et féminines, améliorant la communication entre les sexes, apportant empathie, créativité et calme intérieur, ainsi que force, ambition et vigilance. Elle encourage l'amour romantique et contribue à créer une atmosphère réparatrice qui favorise le bien-être, le succès et la chance. Reposez-vous en tenant une turquoise si vous vous sentez épuisé, paniqué ou déprimé et laissez celle-ci vous remonter le moral.

Pierre de purification, elle débarrasse l'esprit de la négativité, mais aussi de la pollution électromagnétique de votre environnement extérieur. La turquoise est parfois appelée « pierre des militants » parce qu'elle apporte force et autorité à ceux qui protègent l'environnement ou qui mènent des actions pacifiques pour protéger les droits de l'homme. La porter en collier vous aidera à calmer votre nervosité si vous devez parler en public. En équilibrant le chakra de la gorge, elle vous aide à vous exprimer efficacement et à communiquer clairement tout sentiment refoulé qui pourrait vous empêcher de réaliser votre véritable potentiel.

Au travail, mettez de la turquoise dans vos documents financiers ou vos livres de comptes pour attirer la richesse par des investissements judicieux. Porter cette pierre peut entraîner une promotion ou une augmentation des déplacements professionnels, et elle protège également vos biens contre le vol. C'est un cristal utile pour de nombreuses professions : les comptables et tous ceux qui travaillent sur des ordinateurs peuvent recourir à la turquoise pour se détendre l'esprit ; elle permet de surmonter le blocage des écrivains et de soulager l'anxiété liée à la performance chez tous ceux qui travaillent à la télévision ou à la radio ; et elle protège les ouvriers des blessures physiques.

Traditionnellement, on tressait une turquoise dans la crinière d'un cheval pour l'empêcher de trébucher. À la maison, si vous placez un morceau de turquoise près des escaliers, il pourra empêcher les chutes, surtout des enfants ou des personnes âgées. Les enfants peuvent porter cette pierre pour combattre la timidité et arrêter les moqueries. Un animal de compagnie avec un morceau de turquoise fixé à son collier ne se perdra pas ou ne sera pas volé. La turquoise devrait idéalement être offerte en cadeau, et non pas achetée pour soi-même.

Cristaux pour les problèmes domestiques

Pour la plupart des problèmes domestiques, il existe un cristal qui peut être utile.

MAISON CHAOTIQUE, DÉSORDRE

La fluorite organise tout, de fond en comble, pour instaurer harmonie et structure dans votre vie quotidienne et vous aider à vous défaire de l'encombrement.

DISPUTES ET MÉSENTENTES

Une agate blue lace sur votre table basse ou sur la table à manger devrait faciliter les conversations et empêcher chacun de prononcer des paroles qu'il regretterait plus tard. Placez une grande pierre d'ambre dans votre espace de vie pour empêcher les conflits, transformer positivement les énergies négatives et chasser la tristesse et l'anxiété.

DES VOISINS BRUYANTS

Mettez du quartz rose près du mur qui vous sépare de vos voisins colériques pour calmer leurs cris et ramener la paix.

DES ENFANTS OU DES ANIMAUX HYPERACTIFS

La fluorite violette aide les chiens à mieux se comporter au cours des sorties et les enfants à se calmer, tandis que l'agate mousse leur apporte l'équilibre lorsqu'on en place dans leur lit ou leur couchage.

DES ADOS PEU COOPÉRATIFS

Placez de l'amazonite dans leur chambre pour les aider à sortir du lit à une heure raisonnable et à mener un mode de vie plus sain.

L'amétrine fera de même et évitera aux adolescents de s'attirer des ennuis.

SOULAGER LES CAUCHEMARS

Un fragment de jais dans la pièce ou dans la main pour apporter du réconfort avant d'aller dormir fait des merveilles contre les mauvais rêves.

LES PLANTES QUI MEURENT

Si vos plantes en pot sont affectées par le chauffage central et semblent flétrir, placez des cristaux d'agate mousse dans leur terre.

La fluorite peut réparer les plantes abîmées si on la passe sur la zone affectée, et si l'on enfouit ensuite la pierre dans le pot.

LA TECHNOLOGIE VOUS REND MALADE ET LÉTHARGIQUE

Si vous êtes affecté par les fréquences électromagnétiques, portez de la shungite ou collez un disque de shungite à l'arrière de votre téléphone portable. Vous pouvez également créer une grille de protection spéciale avec de la shungite, de la tourmaline noire ou du quartz fumé en plaçant de petits fragments de ces minéraux dans le coin de chaque pièce de votre maison pour transformer les énergies négatives. Essayez de relier les cristaux entre eux dans votre esprit ou d'utiliser une baguette de quartz pour protéger toute votre maison.

Cristaux principaux pour chaque zone

POUR LA PORTE D'ENTRÉE

- C'est un lieu clé où placer des cristaux pour éloigner tout visiteur indésirable et attirer les bonnes ondes uniquement. Pour protéger toute la maison des énergies nocives, optez pour du quartz fumé, de la tourmaline noire ou du jais à placer dans l'entrée.
- Pour attirer seulement les bonnes vibrations, placez de la cornaline juste à l'intérieur de la porte d'entrée, ou si vous recherchez l'abondance, optez pour la citrine.

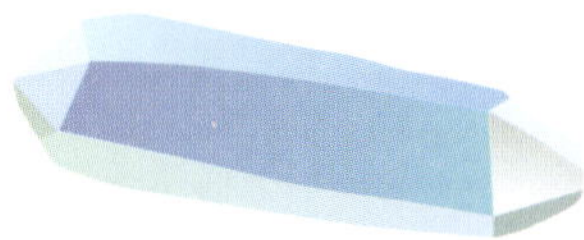

LA PIÈCE DE VIE

- Un grand quartz rose ou un fragment de jade dans votre pièce à vivre apportera amour et harmonie dans toute la maison.
- Placez une baguette de sélénite sur la table basse pour remplir le lieu d'une lumière positive.
- L'œil-de-tigre mis en évidence aidera à rétablir l'équilibre dans les relations familiales agitées.
- La labradorite apportera un peu de gaieté dans votre maison si vous êtes tombé dans la routine.

LA SALLE À MANGER

- L'ambre ou la cornaline sur la table à manger favoriseront un appétit sain.
- On dit que la citrine au centre de la pièce favorise les conversations positives pendant les repas tout en aidant à la digestion.
- La calcite orange, placée à cet endroit, suscitera des débats passionnés pleins d'optimisme et de respect.

LA CUISINE

- Pour stimuler la créativité et la confiance en soi en matière de cuisine, choisissez la cornaline pour la zone de la cuisine.
- Le jaspe rouge est également énergisant et vous réveillera le matin lorsque vous préparez votre petit-déjeuner.

LA CHAMBRE

POUR UN SOMMEIL PROFOND

- Vous pouvez dormir avec une petite améthyste lisse ou une pierre de lune sous votre oreiller ou votre lit, ou placer un morceau de quartz rose près de votre table de nuit. Il est aussi possible de faire tremper une améthyste dans de l'eau pendant la nuit et de boire cette eau avant de vous coucher.

POUR AMÉLIORER SA VIE AMOUREUSE

- La turquoise équilibre les sexes et stimule l'amour romantique. Si vous voulez insuffler créativité et calme, ainsi que force et vivacité dans votre intimité, placez un peu de turquoise de chaque côté du lit.

AU BUREAU

POUR COMBATTRE LE STRESS

- ✧ Une sphère d'obsidienne noire ou un plat de petites pierres polies vous permettront de rééquilibrer votre volume de travail.

POUR LA CRÉATIVITÉ

- ✧ Placez du quartz blanc sur votre bureau pour stimuler la créativité, mais contrebalancez-le avec du lapis-lazuli pour ne pas travailler trop tard dans la nuit.

POUR LA CRÉATIVITÉ ET LA CHANCE

- ✧ De la célestine sur votre bureau éveillera votre inspiration créative et soulagera votre stress.

POUR LA RICHESSE ET L'ABONDANCE

- ✧ De la citrine dans votre portefeuille, sur vos documents financiers et dans la zone carrière (coin gauche depuis la porte) attirera le succès. Le turquoise aura également cet effet.

LA SALLE DE BAINS

- ✧ Gardez un récipient contenant vos cristaux préférés pour les ajouter à l'eau de votre bain. Le jade reposera votre corps fatigué, le quartz rose apaisera les nerfs à fleur de peau, tandis que le cristal de roche dans votre baignoire vous énergisera, et le turquoise vous fera trouver l'inspiration pendant le temps de votre bain.

LE JARDIN

- L'aventurine verte stimule la croissance des plantes et aide leurs racines à se remplir d'énergie, tout comme l'agate mousse lorsque vous l'enterrez avec vos cultures.
- Chargez un quartz blanc avec l'intention de faire pousser un beau jardin, ou vous rappeler d'arroser vos plantes régulièrement, et placez le cristal dans votre espace extérieur pour qu'il opère sa magie.

Cristaux et signes du zodiaque

Chaque signe du zodiaque possède quelques cristaux qui s'harmonisent particulièrement bien avec lui, soit parce qu'il en émane une énergie similaire, ou parce qu'ils stimulent la personnalité astrologique. Vous pouvez choisir des cadeaux pour votre famille, vos amis ou vous-même parmi les pierres correspondantes pour mettre en avant vos traits astrologiques, en les portant comme bijoux ou en les plaçant à des endroits bien en vue dans votre maison pour laisser leur influence planétaire remplir les lieux.

BÉLIER
21 mars - 20 avril
Diamant, héliotrope, pyrite, hématite, jaspe

GÉMEAUX
22 mai - 21 juin
Citrine, saphir blanc, amétrine, aventurine verte

TAUREAU
21 avril - 21 mai
Quartz rose, émeraude, péridot

CANCER
22 juin - 22 juillet
Pierre de lune, perle, sélénite, sodalite

LION
23 juillet - 22 août
Cornaline, topaze, œil-de-tigre, ambre, quartz blanc

VIERGE
23 août - 22 septembre
Agate mousse, saphir bleu, amazonite, aragonite jaune

BALANCE
23 septembre - 22 octobre
Opale, lapis-lazuli, célestine, quartz rose

SCORPION
23 octobre - 22 novembre
Obsidienne noire, larme d'apache, corail, labradorite, malachite

SAGITTAIRE
23 novembre - 21 décembre
Turquoise, rubis, azurite, rhodochrosite, iolite

CAPRICORNE
22 décembre - 20 janvier
Onyx noir, grenat, jais, quartz fumé

VERSEAU
21 janvier - 18 février
Améthyste, shungite, agate blue lace, angélite, moldavite

POISSON
19 février - 20 mars
Jade, aigue-marine, fluorite violette, kyanite

Les meilleurs cristaux pour l'aide à la guérison

Entrez fréquemment en connexion avec certains cristaux pour établir une pratique de soin holistique enrichissante pour vous-même, et pour aider les autres à guérir, y compris vos animaux et même l'ensemble de la planète.

Aide à la guérison

Les cristaux sont utilisés depuis des siècles, par des praticiens experts pour aider à soigner, et par des hommes et des femmes ordinaires qui cherchent un moyen doux mais efficace d'améliorer leur santé et leur bien-être. Les bonnes pierres utilisées de la bonne manière peuvent soulager des symptômes physiques tels que les maux de tête, les démangeaisons cutanées et les troubles gastriques, ainsi que des blessures émotionnelles plus profondes, y compris le stress post-traumatique ou les peines de cœur, et les blocages liés à l'angoisse mentale. Ils peuvent vous offrir un regain général d'énergie, vous protéger contre les fréquences électromagnétiques nocives des appareils électroniques et atténuer les effets de l'arthrite, de la ménopause ou du diabète. Une fois que vous avez déterminé quels cristaux sont les plus efficaces pour votre énergie ou contre votre maladie, vous pouvez les utiliser de différentes manières pour vous soigner et soigner les autres de manière globale.

Les dix pierres présentées dans ce chapitre font partie des minéraux les plus appropriés pour soigner certains maux en particulier. Si vous débutez, vous pouvez également utiliser l'améthyste, la citrine, le quartz rose ou transparent pour leur puissance générale d'aide à la guérison émotionnelle, atmosphérique et de l'aura.

LE POUVOIR D'AIDE À LA GUÉRISON DES CRISTAUX

Les cristaux émettent une énergie déterminée par ce qui les constitue, leur couleur, et le programme induit par votre concentration et votre attention. Ils agissent selon une fréquence vibratoire qui influence l'esprit, le corps, et à travers vos sens, votre aura et votre domicile.

Certains cristaux contiennent des minéraux réputés pour leur capacité à équilibrer le corps. La malachite, par exemple, contient du cuivre, qui est utilisé pour réduire les inflammations et prévenir les gonflements. Ils peuvent être portés sur le corps, dans une poche ou dans une pochette.

FABRIQUER UN ÉLIXIR DE CRISTAL

De nombreux cristaux peuvent être utilisés en élixir pour renforcer la santé (sauf la malachite qui peut être toxique). Il faut simplement laisser infuser un fragment dans une bouteille en verre d'eau filtrée ou minérale pendant une nuit. Cet élixir peut ensuite être bu pour les bienfaits du cristal sur le corps, ou chauffé et utilisé en application locale contre les affections cutanées que le cristal peut soulager.

NETTOYER ET ACTIVER LES CHAKRAS

D'autres pierres, disposées en alignement sur les chakras, favorisent le nettoyage et la stimulation de ceux-ci. Ainsi, l'énergie est maintenue et votre aura reste lumineuse et fonctionnelle. Les pierres activent aussi les zones de votre psyché en lien avec vos chakras, par exemple l'estime de soi est connectée au chakra du cœur et la confiance au plexus solaire.

Consultez la page 35 pour connaître les cristaux à utiliser pour chaque chakra. Ensuite, placez les bons cristaux au centre du corps en méditation allongée. Détendez-vous pendant 20 à 30 minutes pour laisser l'énergie des cristaux agir sur les chakras concernés, et leur permettre de nettoyer, d'équilibrer et d'énergiser tout votre système.

DIFFÉRENTES MÉTHODES D'AIDE À LA GUÉRISON

Une autre manière d'absorber l'énergie des cristaux consiste à dormir avec une pierre spécifique sous votre oreiller ou à créer une grille dans la pièce où vous recherchez le plus d'effet. Vous pouvez également ajouter des cristaux à l'eau de votre bain pour vous imprégner de leurs pouvoirs.

Faites appel à votre intuition et à votre discernement pour vous guider dans le choix du bon cristal et de l'endroit où le placer. Si vous souffrez d'une maladie physique spécifique pour laquelle vous désirez de l'aide, placez une petite pierre sur la zone concernée. Tenez-la à proximité aussi longtemps que possible, en imaginant que son énergie se fraie un chemin jusqu'au problème.

VOUS AIDER À GUÉRIR

N'hésitez pas à demander le soutien et la protection de sources divines telles que les anges, une divinité guérisseuse ou votre conscience supérieure, afin d'agir à travers vous pour le meilleur. Tenez votre cristal dans votre main et placez-le sur votre cœur, l'emplissant d'amour et lui demandant de faire au mieux pour vous et votre patient.

Par le biais de la méditation, en tenant le cristal dans vos mains, vous pouvez absorber sa puissante énergie. Asseyez-vous en silence et respirez profondément. Lorsque vous expirez, relâchez toutes les pensées et les émotions négatives. En respirant, imaginez que la lumière positive du cristal emplit tout votre corps. Visualisez cette énergie comme un liquide chaud et apaisant qui s'écoule de votre cœur pour vous emplir et se répandre dans votre aura. Asseyez-vous paisiblement et ressentez l'énergie de votre cristal qui vous comble et vous rend heureux.

Une fois par semaine, essayez de vous asseoir à l'intérieur d'un cercle de cristaux de différentes couleurs disposés sur le sol. Voyez chacun de ces arcs-en-ciel de couleur entrer dans votre aura et être absorbé par votre corps pour qu'il se charge complètement de leur énergie. Les cristaux rouges vous donneront de l'énergie, le vert vous nourrira et l'orange stimulera votre créativité. Le rose vous remplira d'amour, le bleu vous aidera à communiquer clairement et le violet vous reliera aux royaumes supérieurs. Ensuite, veillez à vous ancrer à la terre et demandez à être protégé par un cristal noir comme le jais ou l'obsidienne.

Vous pouvez aussi vous allonger confortablement et placer les différents cristaux de couleur sur leurs chakras correspondants pour un nettoyage complet de tout votre esprit, corps et âme pendant que vous vous reposez.

AIDER À GUÉRIR LES AUTRES

L'aide à la guérison par contact signifie que la personne qui est traitée est présente pour le soin, mais nul besoin de toucher le cristal ou d'avoir un contact avec le corps de cette personne. Habituellement, la pierre est

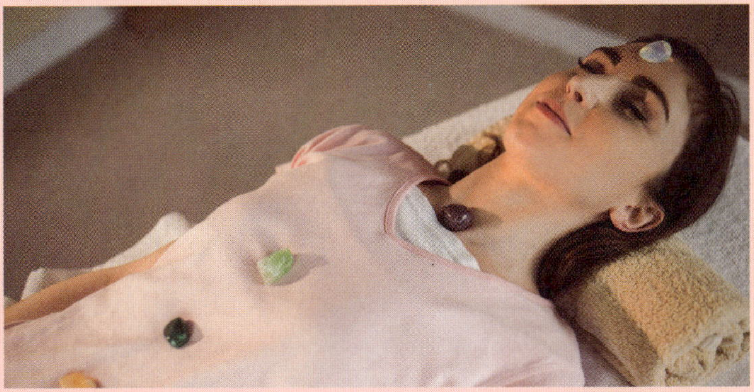

maintenue à quelques centimètres au-dessus du corps du patient qui reste toujours entièrement vêtu. Écoutez votre intuition et ressentez l'énergie du cristal pour comprendre où il veut être placé et combien de temps. Vous pouvez le maintenir au-dessus d'une certaine zone ou le déplacer en douceur et de façon continue au-dessus de votre patient.

Lorsque vous avez terminé, dites toujours quelques mots de remerciement à votre puissance supérieure et au cristal pour son travail. N'oubliez pas de bien le nettoyer après chaque séance s'il absorbe de l'énergie.

AIDE À LA GUÉRISON À DISTANCE

Vous pouvez également utiliser les cristaux pour envoyer de l'énergie à des personnes, des groupes ou des animaux, ainsi qu'aux océans, à la terre ou à des régions spécifiques du monde qui ont besoin d'aide. Choisissez des cristaux verts ou bruns, comme l'agate mousse ou le jade, pour soigner la terre ou les forêts et les créatures qui y vivent. Les gemmes bleues dont l'aigue-marine ou le corail bleu font des merveilles sur les eaux du monde et les poissons qui y nagent. L'œil-de-tigre ou le jaspe léopard aident les espèces menacées à rester fortes et en bonne santé.

Tenez un cristal de grande taille dans vos mains. Concentrez-vous et chargez la pierre de prières et d'intentions appliquées au but visé.

Formulez votre souhait à voix haute à plusieurs reprises en direction du cristal, ou chantez un mantra d'aide à la guérison pour qu'il en soit absorbé.

Inspirez profondément et imaginez la lumière du cristal qui vous emplit. Sur l'expiration, chassez toute noirceur hors de vous. Continuez à inspirer la lumière jusqu'à ce que vous soyez plein d'une énergie positive et lumineuse.

Par l'expiration, envoyez ensuite cette lumière vers le sujet que vous avez choisi, tout en récitant la prière ou le mantra d'aide à la guérison dans votre esprit. Visualisez le soin en action, et la personne, l'animal ou la région qui rayonne de santé et de vitalité.

Vous pouvez également placer le cristal chargé sur une photo de l'ami, de l'animal ou du lieu éloigné, pour l'aider à guérir et le laisser là aussi longtemps que vous voulez que sa magie opère.

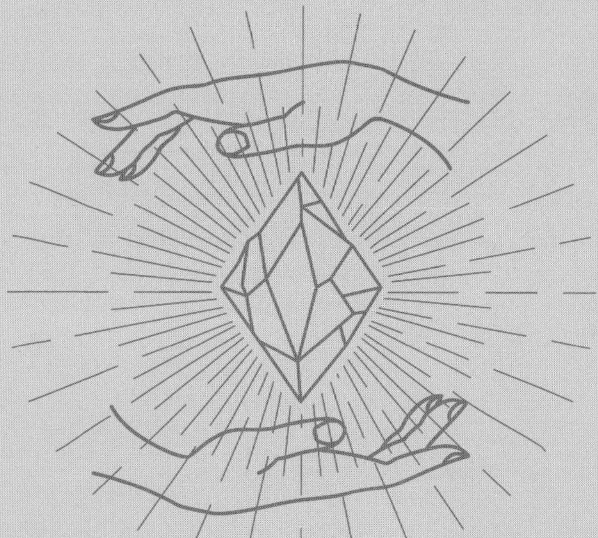

Amazonite

IDÉALE POUR :
Apaiser ses émotions et communiquer rationnellement, promouvoir une bonne hygiène de vie, bloquer les micro-ondes.

ASPECT :
Bleu-vert ou turquoise opaque, parfois vert plus foncé avec des lignes blanches.

L'amazonite est utilisée pour les soins et la bonne fortune depuis des siècles. On pense qu'elle figurait sur les cuirasses des matriarches guerrières de l'âge de bronze de la tribu des Amazones. Comme elle était facile à tailler, les premiers Mésopotamiens en faisaient des perles et d'autres bijoux. On a aussi retrouvé une bague scarabée en amazonite dans le tombeau de Toutankhamon. Quelques lignes du Livre des morts égyptien gravées sur une plaque d'amazonite ont été découvertes.

Pierre de courage et de vérité, elle aide à exprimer courageusement ce qui est vrai pour vous, et à connaître et établir clairement vos limites. Souvent appelée la pierre « pacifique », elle vous permet d'adopter un autre point de vue et, lorsqu'elle est placée dans une pièce, elle y diffusera de puissantes vibrations de réconciliation et d'aide à la guérison. Elle peut vous aider à résoudre vos confits intérieurs.

L'amazonite se connecte aux chakras du cœur et de la gorge et les rééquilibre, apaise les perturbations émotionnelles et facilite une communication honnête et sincère.

Si vous devez faire face à une conversation difficile, mettez un peu d'amazonite dans votre poche et laissez-la vous aider à trouver les mots justes et à vous exprimer avec fluidité et compassion.

Si vous pratiquez la lithothérapie pour vous-même, placez un fragment d'amazonite sur votre gorge pour ouvrir pleinement ce chakra et aider cette zone de votre corps à mieux fonctionner. Buvez son essence infusée dans de l'eau pour mieux absorber le calcium et atténuer les spasmes musculaires. L'amazonite apaise le système nerveux, soutient la glande thyroïde et encourage les hommes comme les femmes à avoir une bonne hygiène de vie.

Si elle est utilisée fréquemment, l'amazonite permet de trouver un équilibre entre les aspects masculins et féminins de votre personnalité – et sur le lieu de travail, on dit qu'elle permet de combattre le sexisme. Elle assure également l'harmonisation de votre intuition avec votre intellect, vous aide à ressentir ce que vous devez accomplir dans le monde et à le faire avec courage. S'il y a quelque chose que vous aimeriez manifester, dites-le clairement à votre amazonite et méditez souvent avec elle pour activer votre intention.

Puissant cristal pour bloquer les émanations électromagnétiques de votre téléphone portable ou de votre ordinateur, collez-le sur votre téléphone ou placez-le entre vous et les appareils que vous utilisez. Placée sur votre bureau, une pierre d'amazonite vous permettra de vous concentrer sur votre objectif et de réussir vos projets. Dans la cuisine, elle bloquera les effets nocifs des micro-ondes des appareils électroniques et encouragera les autres membres de la famille à aider aux tâches ménagères.

Nettoyez l'amazonite avec une infusion de menthe pour recharger ses considérables pouvoirs.

Aigue-marine

IDÉALE POUR :
L'aide à la guérison par l'eau, augmenter son intuition, nettoyer le chakra de la gorge.

ASPECT :
Bleu très clair, transparent à opaque.

Ce type de béryl bleu cristallin était considéré comme le trésor des sirènes dans les temps anciens.

Appelée « eau de la mer » par les pêcheurs romains, qui l'emportaient avec eux pour s'assurer intrépidité et sécurité en mer, elle était également utilisée par les médecins pour faciliter la digestion et diminuer la rétention d'eau. Les artisans romains en confectionnaient des gobelets pour purifier l'eau.

On croit encore en ses vertus purificatrices de nos jours. On peut fabriquer un élixir détoxifiant à base d'aigue-marine pour nettoyer le corps. Faites tremper une pierre dans l'eau pendant la nuit et buvez cette eau pour apaiser les maux d'estomac, stimuler le système immunitaire et lymphatique, et débarrasser la gorge de toute infection ou douleur. Apaisante pour les yeux fatigués ou irrités, elle améliorerait même la vision. Placez une petite pierre lisse sur les paupières pendant 20 minutes chaque nuit pendant que vous vous détendez et que vous laissez ses propriétés rafraîchissantes et apaisantes faire effet.

L'aigue-marine est l'un des cristaux les plus puissants pour activer et purifier le chakra de la gorge, vous aider à vous exprimer honnêtement, avec un cœur ouvert et une plus grande assurance.

Sa présence chez vous harmonisera l'atmosphère et tiendra les émotions de colère à distance, tout en aidant à éliminer le désordre, qu'il soit mental, émotionnel ou physique.

Méditer avec elle vous permettra d'accepter votre vrai moi, d'acquérir une sagesse plus profonde et de vous libérer des émotions accumulées. C'est une belle pierre qui vous donnera du courage et vous aidera à guérir d'un chagrin ou de bouleversements importants.

C'est un cristal puissant qui stimule le développement psychique et spirituel. Utilisez l'aigue-marine pour aider à guérir d'autres personnes à distance. Placez-la sur une photo de la personne que vous voulez aider et imaginez l'énergie de la pierre remplir son corps, aligner ses chakras et lui rendre sa pleine santé.

Vous pouvez également la charger de prières pour nettoyer les océans et protéger toutes les créatures marines, car elle est particulièrement liée aux baleines et aux dauphins. Placez un morceau d'aigue-marine sur une photo de n'importe quelle créature marine menacée tout en les visualisant prospères pour les décennies à venir. Ressentez dans votre cœur la pétillante santé des eaux du monde et laissez cette énergie se répandre autour de la planète. Plus près de chez vous, ajoutez-en dans votre aquarium ou votre bassin de jardin pour préserver la santé de vos poissons et autres créatures aquatiques.

Avec son énergie douce et empreinte de compassion, l'aigue-marine encourage le compromis, la négociation et le service. Elle vous aide à prendre des responsabilités pour vous-même et pour les personnes moins fortunées, et aide l'humanité à devenir meilleure, en apportant une justice naturelle et un équilibre à nos habitudes destructrices et néfastes.

Nettoyez l'aigue-marine dans un bol, en verre bleu, d'eau de mer ou d'eau minérale salée, la nuit de la pleine lune, en la rinçant ensuite à l'eau pure.

Aragonite en bouquets d'étoiles

IDÉALE POUR :
Guérir la Terre, l'ancrage, soulager le stress.

ASPECT :
Principalement en amas étoilés « Spoutnik » orange, doré et marron, on la trouve également en blanc, jaune, vert et bleu.

On trouve l'aragonite principalement dans des formations en amas de cristaux tubulaires en forme d'épines en expansion à partir d'un point central. Nommée d'après le fleuve Aragon en Espagne, où elle a été découverte pour la première fois en 1790, l'aragonite est une excellente pierre d'ancrage pour retrouver l'équilibre après des épisodes stressants. Équilibrant le cœur et l'esprit, elle vous aidera à ne plus vous focaliser négativement sur les situations difficiles et

vous apportera une force et une foi renouvelées dans votre capacité à relever n'importe quel défi.

Pierre qui encourage les nouveaux départs, l'aragonite apporte la stabilité, la discipline et du pragmatisme dans vos actions, afin que vous agissiez avec lucidité et motivation.

Méditer régulièrement avec une aragonite vous aidera à vous nourrir, physiquement (en mangeant régulièrement des repas sains) et émotionnellement (en prenant le temps de calmer les nerfs à vif). C'est une bonne pierre de préparation à la méditation, car elle élève vos vibrations à un niveau supérieur sur le plan spirituel et donne au corps un regain de vitalité.

Il est bénéfique pour les praticiens de commencer chaque séance de soin en s'accordant à l'énergie de l'aragonite pour se recentrer avant de travailler sur les autres. Ayez de l'aragonite à portée de main, si vous devez faire des purifications par fumigation ou de la radiesthésie, afin de vous relier fortement à l'énergie de la déesse de la terre et que celle-ci vous soutienne.

Ce cristal active le chakra de la racine et le chakra de la terre sous nos pieds, nous reliant ainsi profondément à la Terre mère. Le fait de sentir le sol sous vos pieds, en tenant un amas d'aragonite, vous aidera à discerner de quelle sorte de soin a besoin la planète et comment lui offrir. Si vous ressentez soudain l'envie de vous débarrasser du plastique ou de planter des arbres partout où vous allez, c'est l'effet de l'aragonite dans votre vie.

Parce qu'elle possède un grand pouvoir d'aide à la guérison de la planète, il n'est pas surprenant que l'aragonite soit en mesure de chasser le stress géopathique et de libérer les lignes énergétiques bloquées. Pour ce faire, vous pouvez placer une pierre là où vous souhaitez envoyer de l'énergie, ou, si vous pouvez vous y rendre, exécutez sur place une cérémonie d'aide à la guérison, nettoyez le cristal, programmez-le par des prières, puis plantez-le dans le sol.

Pour nettoyer une aragonite, enterrez-la dans un pot de terre toute une journée et toute une nuit.

Kyanite bleue

IDÉALE POUR :
Vous connecter au royaume animal et l'aider à guérir, se brancher au monde des esprits, augmenter vos capacités de télépathie.

ASPECT :
Éclats ou lames de couleur bleu-blanc, transparente ou opaque avec un éclat nacré.

La kyanite bleue, que l'on trouve en abondance au Brésil, est un cristal assez récent pour l'aide à la guérison et d'autres travaux spirituels. C'est une pierre puissante pour se connecter et se mettre en relation avec des animaux de toutes sortes, des plantes et des humains. Elle calme rapidement l'esprit et le corps, permet d'entrer en méditation profonde, en vous mettant rapidement en contact avec les guides spirituels, les pouvoirs psychiques et votre propre intuition.

Ce cristal bleu stimule les chakras du troisième œil et de la gorge, renforçant ainsi vos capacités de communication et d'expression tout en les reliant à votre vérité la plus profonde et à votre guidance supérieure. C'est aussi un excellent cristal pour aligner tous les chakras afin de dégager les canaux énergétiques de votre corps pour une meilleure capacité d'aide à la guérison et une connexion avec le monde spirituel pour obtenir de l'aide.

Utilisez la kyanite bleue lorsque vous réalisez un soin afin de créer un lien plus fort entre vous et la personne ou la créature soignée. Travaillez avec la kyanite bleue pour envoyer ou recevoir de l'énergie et stimuler la

télépathie avec vos amis, votre famille et vos animaux domestiques.

Lorsque vous méditez, tenez un fragment près de votre troisième œil et connectez-vous à une personne en particulier pour percevoir son ressenti et ses besoins en matière de soin, ou bien conjurez une image positive dans votre esprit et envoyez-la à cette personne. Elle peut aussi vous aider dans les voyages astraux ou les rêves lucides – placez le cristal sur votre troisième œil avant d'aller vous coucher.

Les lames de kyanite bleue font d'excellentes baguettes pour chasser toute énergie négative venant des autres, dissiper la colère, la frustration et les illusions. On peut l'offrir pour apaiser une personne en fin de vie et l'aider à ancrer l'énergie spirituelle dans son corps afin qu'elle puisse passer plus facilement dans le monde des esprits.

Faites une grille avec de la kyanite bleue pour vous aider à arrêter vos comportements autodestructeurs ou si vous sentez que vous vous êtes éloigné de votre chemin véritable. Placez des rangées de petits fragments de kyanite qui pointent dans six directions différentes depuis une pierre de kyanite centrale et méditez avec cette trame chaque nuit jusqu'à ce que vous retrouviez votre lucidité. Abaissez votre regard pour vous concentrer uniquement sur les cristaux, laissez votre esprit vagabonder, les images et les idées prendre forme au fur et à mesure qu'elles se présentent, vous donner une perspective nouvelle, une orientation, vous permettant ainsi de vous aligner à nouveau sur votre fréquence la plus élevée.

La kyanite n'absorbe pas l'énergie négative et n'a donc jamais besoin d'être nettoyée, mais vous pouvez la revitaliser en la laissant près des plantes dès le matin.

Cornaline

IDÉALE POUR :
Aider à guérir de la maltraitance, avoir confiance en vous et raviver votre relation.

ASPECT :
Galet vitreux orange vif à rouge, semi-translucide, contenant souvent des taches et des stries plus claires ou plus foncées.

La racine latine du nom de ce cristal signifie « chair », la cornaline donnera un réel coup de *boost* à votre corps. Attendez-vous à une meilleure santé et plus de vitalité, à un métabolisme augmenté et une libido plus grande, lorsque vous travaillez avec cette pierre orange vif ou rouge, vibrante de confiance et de courage. Les guerriers anciens la portaient autour du cou pour faire preuve d'audace au combat, et on a longtemps cru qu'elle faisait sortir de leur coquille les personnes timides. La cornaline est une pierre d'aide à la guérison : elle vous donne de l'énergie, de la passion et de la motivation, tout en vous apportant l'abondance dans tous les domaines de votre vie. On pense également qu'elle aide à réparer le corps après une blessure, physique ou émotionnelle, car elle est bien connue pour aider à guérir après une agression.

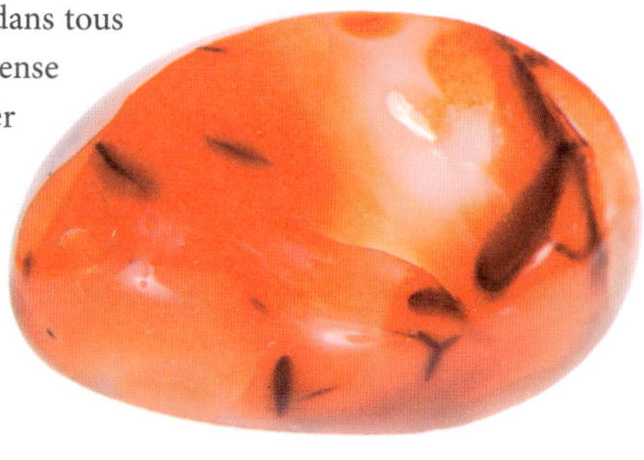

Elle vous permet d'avoir à nouveau confiance en vous et en vos perceptions afin que vous puissiez reprendre la main sur votre propre vie de joie et d'épanouissement.

En plus d'accroître la créativité et la concentration, elle dynamise les relations. Placez un morceau de cornaline sous les coins de votre matelas pour ramener la passion et la vigueur dans la chambre. En stimulant les trois chakras inférieurs, mais surtout le chakra racine, elle boostera la libido et la fertilité, soulagera toute anxiété sexuelle et atténuera les symptômes des règles ou de la ménopause. Placez un morceau de cornaline sur la peau au niveau du plexus solaire pendant que vous êtes allongé en méditation, et laissez sa montée d'énergie agir depuis ce chakra vers le bas, en vous équilibrant et en vous ancrant.

La cornaline vous rapproche de votre moi intérieur, tout en vous ancrant dans la réalité présente. Ainsi, vous pourrez vous désintoxiquer et vous aider à guérir de vos addictions, en particulier celles liées à une faible estime. Travailler avec cette pierre vous permettra d'accepter la vie et de ne plus craindre la mort. Il est bon pour les personnes âgées et pour les hommes qui sont en pleine crise de la quarantaine de porter de la cornaline dans leur poche, car elle remonte le moral.

Faites honneur à l'amour de ce cristal pour l'esprit de groupe en vous réunissant avec des amis qui partagent les mêmes idées et en utilisant la cornaline pour envoyer des soins aux anciens sites sacrés ou aux bâtiments abandonnés afin de les préserver. Demandez à une pierre de cornaline d'aider à guérir l'environnement qui l'entoure, puis enterrez-la dans la terre. Vous pouvez aussi fabriquer une essence de cornaline avec de l'eau et la verser sur la zone affectée.

Si vous avez un récipient à cristaux dans votre maison, ajoutez-y de la cornaline, car elle purifie les autres pierres.

Hématite

IDÉALE POUR :
L'ancrage et l'équilibrage, nettoyer le sang, aider à guérir la colonne vertébrale.

ASPECT :
Oxyde de fer lourd gris métallique, parfois dans des tons brun-rouge. Ses cristaux se disposent parfois comme les pétales rugueux d'une rose, mais le plus souvent elle est lisse et brillante.

L'hématite est l'oxyde que l'on trouve dans le minerai de fer partout dans le monde. Elle se forme également dans le quartz. Bien qu'elle soit principalement gris métallique, une partie de l'hématite présente des stries brun-rougeâtre et des marques rouges lorsqu'elle est taillée grossièrement et frottée contre une autre pierre. Son nom vient du mot grec qui signifie « sang », en raison de sa couleur lorsqu'elle est broyée en poudre. Il n'est donc pas surprenant que l'hématite aide à la régénération du sang, en le nettoyant, en stimulant l'absorption du fer et en améliorant la circulation, voire en atténuant les règles abondantes et en faisant baisser la tension artérielle. On pense qu'elle régénère les tissus et contribue à la fabrication des globules rouges.

Elle peut également évacuer la chaleur de votre corps et être bue en élixir ou placée sur le front pour apaiser la fièvre.

Formidable pierre d'aide à la guérison, l'hématite peut faire disparaître la douleur. Allongez-vous confortablement et tenez un morceau d'hématite au-dessus de la douleur ou du chakra du plexus solaire, et laissez le morceau d'hématite éloigner la sensation de malaise.

L'hématite a une forte capacité d'ancrage, en ramenant le chakra de la racine vers la terre pour vous harmoniser et vous équilibrer, ce qui la rend utile pour stabiliser les émotions et aligner votre colonne vertébrale.

Demandez à un proche de vous aider à guérir : allongez-vous sur le ventre et demandez-lui de placer un morceau d'hématite en haut de votre colonne vertébrale, un en bas et un sur la zone problématique. Détendez-vous, la tête sur le côté, et visualisez votre dos aller mieux. Cela facilite le réalignement et fait circuler votre énergie le long de votre colonne vertébrale. Évitez de rester allongé ainsi trop longtemps ou en cas d'inflammation.

Grâce à sa forte teneur en fer, l'hématite possède un pouvoir d'attraction magnétique, qui peut attirer les bonnes occasions de concrétiser vos rêves. Si on la manipule régulièrement, elle peut restaurer l'harmonie du corps, canaliser le mental pour résoudre les problèmes pratiques et renforcer la volonté et la ténacité. L'hématite est également connue comme la pierre de l'avocat, car elle aide à assurer la justice dans les querelles juridiques ou les conflits de voisinage.

Par le passé, elle était utilisée à des fins spirituelles pour la divination et on la polissait pour en faire des miroirs capables de repousser la négativité. L'hématite est un matériau qu'il faut avoir sur son autel de méditation pour empêcher les énergies négatives de pénétrer dans son aura, en particulier pendant les voyages astraux qu'elle favorise.

Emportez de l'hématite avec vous pendant et après un voyage en avion, car on dit que son pouvoir contrecarre le décalage horaire.

Malachite

IDÉALE POUR :
Purifier, protéger et transformer les énergies négatives en énergies positives.

ASPECT :
Vert profond et vibrant avec des bandes spiralées et en forme d'yeux, d'un vert plus foncé ou plus clair.

La malachite brute peut être toxique et ne devrait jamais être utilisée par les enfants ou pour les animaux, mais elle est employée dans sa forme polie la plus courante depuis des siècles pour ses propriétés d'aide à la guérison. Exploitée dès – 4 000, la malachite était déjà utilisée dans l'Égypte ancienne comme pierre de pouvoir pour acheminer l'énergie supérieure vers la terre. Les pharaons en revêtaient leurs coiffes pour devenir des chefs plus sages. La malachite était également broyée en un fard à paupières censé améliorer la vision et la clairvoyance spirituelle.

Considérée comme une puissante pierre de protection depuis le Moyen Âge, où l'on pensait qu'elle protégeait les gens du « mauvais œil », la malachite absorbe l'énergie négative et les polluants hors de l'environnement et du corps. Elle absorbe les radiations et les dommages causés par le plutonium, et élimine la pollution électromagnétique lorsqu'elle est placée à proximité de télévisions, d'ordinateurs, de micro-ondes et d'autres technologies qui émettent des rayons nocifs. Placez au moins deux cristaux dans chaque pièce où se trouvent des équipements électriques ou des lampes fluorescentes pour

lutter contre leurs effets toxiques. Gardez une petite pierre lisse avec vous lorsque vous prenez l'avion pour contrecarrer la radiation du vol.

La malachite fait sortir les impuretés, la douleur et l'inflammation du corps si on la passe au-dessus de la zone affectée en faisant attention, avec un petit morceau de tissu. Allongez-vous avec un fragment de malachite sur l'abdomen pour soulager les crampes menstruelles ou les maux de ventre, ou placez-le sur la mâchoire pour alléger les maux de dents. Cette gemme a aussi la réputation de booster le système immunitaire et la circulation, de stimuler la régénération cellulaire et les fonctions hépatiques, et de faire baisser la tension artérielle. Si on la porte autour de la taille, elle empêcherait le diabète (mais cela ne doit pas remplacer une consultation chez le médecin !). Beaucoup croient que la malachite est encore en train d'évoluer et qu'elle deviendra l'une des pierres d'aide à la guérison les plus importantes à l'avenir.

Pierre de transformation, elle favorise un mieux être émotionnel lorsqu'elle est placée sur le plexus solaire lors d'une méditation couchée. Elle permet de libérer les sentiments refoulés et les traumatismes passés, et de vous montrer ce qui freine votre croissance spirituelle. Placez-la ensuite sur le chakra du cœur pour vous ouvrir à l'amour inconditionnel. Ajoutez un cristal plus doux à ce processus, comme le quartz rose ou la rhodonite, car l'utilisation de la malachite peut entraîner des sautes d'humeur intenses et des changements soudains. Si elle génère des palpitations cardiaques, remplacez-la par l'une de ces pierres pour vous calmer.

Parce que la malachite absorbe beaucoup, elle doit être nettoyée régulièrement avec de l'eau courante. Cela affaiblit graduellement la pierre et lorsqu'elle finit par s'effriter, il faut l'enterrer dans le sol, car son travail est terminé.

Pierre de lune

IDÉALE POUR :
Accroître la fertilité des plantes et des femmes, atténuer les symptômes menstruels ou de la ménopause, calmer les émotions.

ASPECT :
Blanc translucide, rose pâle, gris, jaune et parfois bleu, présentant toujours une opalescence nacrée.

Pareil à la lune qui brille dans le ciel de la nuit, ce cristal contient les pouvoirs intuitifs et féminins de notre guide lunaire et nous met en lien avec les cycles de la nature. Il augmente la fertilité et atténue les problèmes liés aux règles et à la ménopause, notamment le syndrome prémenstruel, la rétention d'eau et les bouffées de chaleur. Pour ce qui est des hommes, cette pierre les aide à être à l'écoute de leur part féminine et permet de pondérer l'agressivité.

On dit que la pierre de lune perdra son éclat argenté si la personne qui la porte a trop de colère en elle. Elle change également de couleur en fonction de la lunaison et on peut en faire différentes utilisations selon le cycle de celle-ci. Lorsque la lune est croissante jusqu'à ce qu'elle soit pleine, la pierre de lune arborera une couleur plus profonde et plus translucide et doit être utilisée pour l'aide à la guérison et la manifestation. Lorsqu'elle est décroissante, la pierre deviendra plus pâle et émettra une énergie plus douce propice au repos et à la réflexion sur votre monde intérieur, tempérant les émotions et calmant les nerfs.

En extérieur, utilisez la pierre de lune pour aider votre jardin à bien pousser. Plantez des herbes ou des feuilles de salade trois jours avant la pleine lune – traditionnellement la période de croissance maximale des plantes – et enfouissez un morceau de pierre de lune avec elles pour augmenter le rendement. Cultiver votre jardin en fonction des forces biodynamiques, en vous basant sur le cycle lunaire, vous permet de constater qu'il y a un bon moment pour planter et un bon moment pour récolter – dans le jardin comme dans la vie.

La pierre de lune est depuis longtemps associée à l'amour, surtout en Inde où elle est offerte en cadeau de mariage pour encourager l'harmonie et la fidélité au sein du couple. Dans la Rome antique et dans les cultures d'Europe de l'Est, la pierre de lune était transformée en bijou et on disait qu'en porter attirait un nouvel amant. Les femmes qui méditent régulièrement avec elle stimulent leur énergie kundalini et leur libido, et c'est le cristal de fertilité le plus puissant.

Porter un collier de pierre de lune lorsque vous faites l'amour à la pleine lune devrait synchroniser votre corps avec le cycle lunaire, vous aidant à déterminer votre période la plus fertile pour concevoir. Vous pouvez aussi essayer de faire une grille de fertilité dans la chambre à coucher, avec 12 pierres de lune en cercle autour du lit et la 13e pierre placée au centre en dessous. La pierre de lune dans la chambre à coucher favorise généralement le sommeil et bannit l'anxiété et les cauchemars, en particulier des enfants.

Pour soigner les autres, tenez une pierre de lune près de votre cœur, l'emplissant d'énergie d'amour puis offrez-la à quelqu'un qui traverse une période émotionnellement difficile.

Calcite orange

IDÉALE POUR :
Augmenter l'estime de soi et la vitalité, exprimer sa sexualité et aide à guérir des blessures sexuelles.

ASPECT :
Orange clair, doux et chaud, d'aspect cireux, parfois rayé.

La calcite orange, couleur de soleil, améliore l'humeur comme aucun autre cristal, en résorbant les problèmes, les peurs et la dépression. La légende raconte que la calcite orange a été jetée du char de la déesse baltique du soleil, Saule, alors qu'elle traversait le ciel au solstice d'hiver, le 21 décembre, pour entamer son long voyage destiné à surmonter l'obscurité.

Pierre d'équilibre, elle renforce la confiance et l'estime de soi et vous poussera à être plus énergique dans tous les domaines de votre vie. Placée bien en vue dans la maison, la calcite orange chassera toute énergie négative ou stagnante et offrira à tous ceux qui y résident un regain d'endorphines et de positivité.

Si vous avez éprouvé un blocage de votre créativité ou de votre sexualité, alors la calcite orange est le cristal qui vous aidera à guérir cet aspect de votre vie. Placé sur l'un des trois chakras inférieurs lorsque vous êtes allongé en méditation, il les purifiera et dynamisera tout votre système, en ravivant l'inspiration, l'enthousiasme et la passion. Le travail avec la calcite orange est particulièrement doux, mais efficace en cas de dysfonctionnement, de peur ou de traumatisme ayant créé des cicatrices psychologiques associées à votre sexualité.

Méditez en vous allongeant avec une calcite orange posée sur votre aine et visualisez sa vitalité qui stimulera votre énergie sexuelle et la fait circuler dans tout votre corps pour rayonner dans le monde. Cela vous aidera, vous et les autres, à accepter votre sexualité, quelle que soit la manière dont elle se présente.

Les personnes qui essaient d'avoir un enfant devraient porter de la calcite orange sur elles pour équilibrer leurs hormones et augmenter leur fertilité. Vous pouvez même créer une grille de fertilité autour de votre lit en entourant celui-ci d'un cercle de cristaux de calcite orange. Cela favorisera également un sommeil calme et reposant et transformera le stress en un sentiment de sérénité, permettant de détendre pleinement le corps et l'esprit.

Placée sur l'abdomen, la calcite orange peut aider à guérir le système reproductif et les intestins, à apaiser les problèmes de reins et de vessie, et à soulager les symptômes du côlon irritable. Préparez un élixir de calcite à boire pour améliorer l'absorption du calcium, renforcer le système immunitaire et stimuler la croissance de tissus sains. On peut également l'appliquer sur la peau pour traiter les verrues, les ulcères et les blessures.

Rechargez la calcite ainsi que votre corps en l'ajoutant à votre bain et en vous baignant à la lueur de bougies. Lorsqu'elle s'effrite, son travail est terminé aussi enterrez-la dans le sol avec gratitude pour toute l'aide qu'elle vous a apportée.

Rhodochrosite

IDÉALE POUR :
Aider à guérir des blessures émotionnelles, attirer un nouvel amour ou renouveler la passion, guérir la Terre mère.

ASPECT :
Rose framboise vif, rouge rosé et orange, avec des spirales et des bandes à motifs circulaires. Généralement polie et lisse.

Également connue sous le nom de « Rosa del Inca », on ne trouve qu'occasionnellement de la rhodochrosite dans les mines d'argent, où le souverain inca, Viracocha, l'a découverte pour la première fois, aux XIIe et XIIIe siècles, dans le nord de l'Argentine. Selon les peuples indigènes des Andes, cette pierre rose-rouge étonnante a été fabriquée à partir du sang royal de leurs ancêtres, et on la considère comme une puissante pierre de force, d'endurance et d'amour.

L'énergie d'amour de la rhodochrosite est plus dynamique et plus intense que celle du quartz rose. Elle encourage à un plus grand amour de soi et une plus grande compassion, et vous guidera vers le bonheur en amour après la douleur ou le doute. Elle est très efficace pour aider à guérir les blessures émotionnelles, le stress post-traumatique et d'autres difficultés dues aux violences sexuelles. Souvent connue sous le nom de « pierre de l'enfant intérieur », elle éclaire d'une lumière affectueuse toutes les expériences de l'enfance avec un regard de vérité. Elle vous aide à comprendre et à pardonner à vos parents ou à toute autre personne pour leurs erreurs, en laissant le passé derrière vous pour que vous puissiez aimer à nouveau en toute confiance.

Placez une rhodochrosite sur le chakra du cœur pendant une méditation et laissez son énergie paisible emplir votre aura, aider à guérir votre passé et vous montrer que vous êtes profondément aimé tel que vous êtes. En méditant souvent avec ce cristal, vous ferez l'expérience de l'énergie bienheureuse de l'amour universel. Ce cristal peut également vous aider à surmonter les dépendances qui découlent d'une faible estime de soi.

Utilisez la rhodochrosite pour envoyer de l'énergie d'amour à la Terre mère. Connectez-vous au pouvoir de la gemme et demandez : « Comment puis-je servir au mieux le monde ? » Laissez vos idées joyeuses et vos inspirations soudaines vous guider.

Cette pierre d'aide à la guérison contient du manganèse, qui aide le corps à se réparer. Consommée sous forme d'élixir, elle peut soulager les infections des oreilles ou des sinus, les inflammations telles que les ulcères gastriques et autres douleurs abdominales. Si vous souffrez de migraines, essayez de placer un morceau de rhodochrosite à la base du crâne.

Elle est aussi apaisante en cas de démangeaisons cutanées. Préparez une solution locale en plaçant un morceau de rhodochrosite dans de l'eau distillée ou de source, au soleil, pendant quelques jours afin de l'énergiser. Chauffez doucement l'eau et imbibez un chiffon pour tamponner la zone affectée et ainsi nettoyer la peau en profondeur.

Dans une grotte sous les Andes, protégée et vénérée par les habitants depuis des siècles, se trouve un grand bloc de rhodochrosite en forme de cœur qui, selon la légende, est le cœur de la Terre mère, qui bat une fois tous les 200 ans.

Les meilleurs cristaux pour la divination

Évaluez le présent et lisez l'avenir avec une sélection de cristaux soigneusement choisis.

Comment faire de la divination ?

La divination est la pratique millénaire qui consiste à consulter les dieux ou les déesses – *divus* ou diva – par le biais d'outils tels que les runes ou les cartes du tarot pour déterminer la meilleure voie à prendre, ou quelle sera l'issue d'un certain scénario.

L'utilisation de cristaux comme guidance remonte à au moins 5 500 ans, d'après les premiers écrits de la Mésopotamie ancienne, mais elle est encore plus ancienne si l'on en croit les tombeaux antiques. On a découvert des hommes préhistoriques enterrés avec des sachets de pierres précieuses, des boules de cristal et des miroirs de cristal poli, utilisés pour la divination. Les Grecs antiques employaient l'agate ou le jais pour découvrir le coupable d'un crime, tandis que la reine Élisabeth Ire prenait conseil auprès de son astrologue sir John Dee, celui-là même qui acheta une boule de cristal d'obsidienne grâce à laquelle il prédit l'invasion de l'Armada espagnole.

Vous pouvez consulter une boule de cristal, un pendule ou un sac de petites pierres pour obtenir les réponses aux questions importantes.

✧ Nettoyez vos cristaux de divination avant de les utiliser.

✧ Quelle que soit la méthode que vous choisissez, assurez-vous d'abord de vous libérer l'esprit de toute inquiétude ou attente. Vous devez être capable de vous concentrer pleinement sur ce qui se passe dans le moment présent et sur ce que vous dit votre intuition. Si vous le souhaitez, connectez-vous à vos guides ou à une puissance supérieure pour obtenir de l'aide.

- Prenez le temps de formuler soigneusement la question que vous voulez poser. Restez très simple et aussi proche que possible de ce que vous voulez savoir.

- Tenez vos cristaux et entrez en connexion avec leur énergie. Laissez-les s'harmoniser à la vôtre afin que vous puissiez œuvrer ensemble et obtenir la meilleure guidance. Demandez-leur de vous montrer le cœur du sujet, clairement, et assorti d'une échelle de temps si nécessaire.

- Gardez l'esprit ouvert sur la réponse. Tout est possible. Vous pouvez être surpris au départ. Notez ce qui vous vient à l'esprit ou vous est suggéré par le cristal pour y revenir plus tard. Après réflexion, vous donnerez un sens à cette réponse et la relierez au passé éventuellement. Prenez le temps de traiter vos nouvelles prises de conscience ou réponses afin de pouvoir prendre la bonne décision pour l'avenir.

Le quartz et la boule de cristal comme outils de divination

Les boules de cristal ont longtemps été considérées comme des outils de sagesse personnelle, permettant aux personnes sensibles de voir dans le futur et de donner un sens au passé. Leur utilisation s'est popularisée dans l'Europe du xve siècle, lorsque ses habitants croyaient pouvoir y voir des anges ou des esprits afin de prédire l'avenir. La prédiction la plus célèbre est celle du Dr John Dee, astrologue de la reine Élisabeth Ire, qui l'avertit de l'invasion de l'Armada espagnole après avoir consulté une boule d'obsidienne.

Quelle que soit la matière qui les compose, toutes les sphères de cristal sont reliées au chakra de la couronne et activent nos pouvoirs psychiques et de clairvoyance, nous permettant d'accéder aux archives akashiques où tout est inscrit du passé, du présent et du futur.

COMMENT LIRE UNE SPHÈRE DE CRISTAL

1 Tout d'abord, détendez-vous, idéalement près d'une bougie, à la lumière du soleil ou de la lune et faites se refléter l'astre dans la boule de cristal que vous tiendrez dans vos mains.

2 Laissez vos énergies s'harmoniser.

3 Posez la question à laquelle vous attendez une réponse.

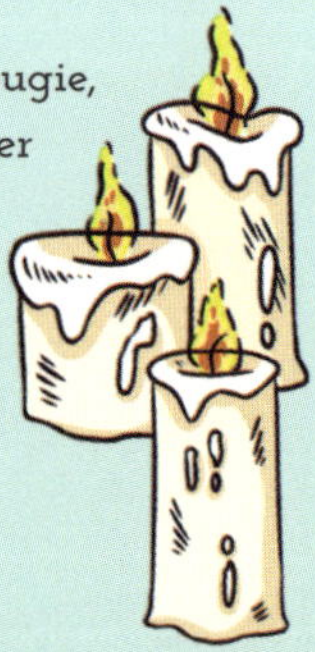

4 Ressentez les émotions, les images et les mots qui vous viennent à l'esprit.

5 Posez votre boule sur un morceau de soie ou de velours.

6 Laissez votre regard se poser doucement sur votre sphère de cristal. Il se peut qu'elle semble se troubler, mais continuez à observer doucement jusqu'à ce que des images apparaissent à l'intérieur de la boule ou dans votre esprit. Chacune des différentes images peut avoir une signification importante ou, dans leur ensemble, elles peuvent constituer une histoire qui offre une réponse.

7 Lorsque vous avez fini, déconnectez-vous de la boule et ancrez-vous dans le moment présent en prenant quelques inspirations profondes. Recouvrez la sphère d'un morceau de tissu lorsque vous n'en faites pas usage.

8 Notez ce que vous avez vu et tout ce que cela peut représenter selon vous, ainsi que les émotions et les pensées qui ont émergé.

9 Vous pouvez aussi faire une divination du même type, mais avec trois petites sphères pour examiner le passé, le présent et le futur.

10 Pour avoir accès à des révélations concernant votre passé ou des aperçus de vies antérieures, regardez dans une boule d'améthyste, de quartz rose ou de calcite.

11 Puis pour formuler une guidance sur le présent qui est en lien avec le passé que vous venez de voir, choisissez une sphère en citrine ou quartz blanc.

12 Examinez une boule de cristal de béryl ou de quartz fumé pour voir les possibilités ou les futurs possibles.

Amétrine

IDÉALE POUR :
La concentration, se connecter aux royaumes des esprits et des anges, révéler et aider à guérir les causes de la maladie.

ASPECT :
Pierre transparente étincelante, faite d'améthyste et de citrine qui lui donnent des nuances translucides de violet et de jaune.

L'améthyste et la citrine se mélangent naturellement dans ce cristal de quartz pour former une combinaison unique qui ouvre le chakra du troisième œil, permet une concentration profonde et une intuition spirituelle pour l'aide à la guérison, la méditation et la divination.

Au XVIIe siècle, des cristaux d'amétrine ont été apportés en Europe par le conquistador don Felipe. Ils furent offerts à la reine d'Espagne pour la remercier de l'avoir laissé épouser la princesse bolivienne Anahi de la tribu Ayoreo, dont le père avait donné à don Felipe la mine de cristal comme dot. Cette mine a par la suite produit de l'amétrine et porte toujours le nom de la princesse. Ce cristal n'est cependant devenu populaire que dans les années 1970 et 1980.

L'amétrine évacue le stress de l'esprit, ce qui vous permet de vous concentrer rapidement et calmement pendant la méditation. Elle fait entrer la conscience supérieure dans le monde physique, ce qui est propice aux révélations et aux guidances que vous pouvez mettre en pratique. Elle peut également vous guider dans votre voyage astral, et vous aider à atteindre la sagesse tout en vous protégeant des troubles psychiques.

En matière d'aide à la guérison et de divination, l'amétrine va au fond des choses, de la source de la maladie dans le corps aux angoisses dans l'esprit. En tenant la pierre, on fait remonter à la surface les problèmes profondément enfouis pour faciliter la parole et l'aide à la guérison. C'est une excellente pierre pour faciliter les négociations et apporter la paix entre les opposants. L'amétrine unifie les énergies masculines et féminines en nous tous et nous permet d'accepter les autres plus facilement.

Placez de l'amétrine dans la chambre de votre adolescent pour l'aider à sortir du lit le matin et à éviter les ennuis.

Travailler avec l'amétrine vous permettra de contacter les guides spirituels, les anges et les animaux de pouvoir, encourageant ainsi ces êtres supérieurs à transmettre leur sagesse et à enrichir notre vie. Mais cette pierre vous aidera également à prendre le contrôle de votre propre vie avec optimisme et de manière équilibrée.

Pour faire un puissant voyage en imagination et découvrir des vérités plus profondes, asseyez-vous paisiblement avec un morceau d'amétrine à la lumière de la pleine lune. Imaginez une porte dans votre cristal que vous pouvez franchir pour entrer dans d'autres dimensions. Visualisez-la en détail, en observant sa forme, sa couleur et sa texture. Puis, passez cette porte pour entrer dans d'autres royaumes tels qu'une des forêts de fées ou un portail vers une vie passée où vous pouvez prendre connaissance d'histoires et les rapporter pour les contempler plus tard.

Émeraude

IDÉALE POUR :
L'amour inconditionnel, révéler la vérité sur les relations, stimuler la clairvoyance et renforcer les pouvoirs psychiques.

ASPECT :
Vert vif et béryl transparent brillant.

Selon la légende, le mage mystique égyptien Hermès aurait gravé tous les secrets de l'alchimie et de la magie sur une tablette d'émeraude. On pense donc que cette pierre protège les gens des illusions et des enchantements des manipulateurs. Au Moyen Âge, cette gemme très prisée était placée sous la langue pour susciter des visions prophétiques de l'avenir. Aujourd'hui encore, on pense qu'elle encourage la clairvoyance et renforce les capacités psychiques, en particulier chez les femmes âgées. Méditez avec l'émeraude pour faire le vide dans votre esprit et avoir une vision plus vaste de la vie. Attendez-vous à éprouver une connaissance intérieure et profonde de la vérité, à découvrir des connaissances inconscientes et à recevoir la capacité de discerner ce qui vous convient, ainsi que l'éloquence nécessaire pour l'exprimer.

Cette pierre apaisante est aussi un outil utile pour se souvenir de ses vies passées et de la sagesse qu'elles renferment pour le présent et l'avenir.

Gemme verte d'une grande beauté, liée à Vénus, planète et déesse de l'amour, l'émeraude symbolise l'espoir en l'avenir, la justice et la sécurité. Connue comme la pierre de l'amour réussi, l'émeraude promeut la loyauté, l'amour inconditionnel et l'amitié durable. C'est le cadeau traditionnel pour quiconque célèbre son cinquante-cinquième anniversaire de mariage. Porter cette pierre, qui active le chakra du cœur, permet d'apaiser les différends, de favoriser la compréhension mutuelle et la coopération, et de réunir les couples après une séparation.

Si vous conseillez quelqu'un ou faites une lecture psychique, utilisez l'émeraude pour vous protéger contre le poids des problèmes ou des questions des autres. Mais soyez attentif si l'émeraude change de couleur lors d'une consultation, car on pense que cela signifie l'infidélité dans une relation. Avec un peu de chance, l'énergie de renouveau et d'harmonie de l'émeraude encouragera la compassion et le pardon, en aidant à guérir les peines de cœur pour mieux apprécier la réalité telle qu'elle est.

Porter une émeraude vous donnera la force de surmonter toute difficulté relationnelle ou toute autre épreuve de la vie, vous permettant d'aimer à nouveau avec un cœur ouvert. Ne la portez pas la nuit, car l'avoir constamment sur soi peut faire remonter à la surface des sentiments négatifs. Dans ce cas, l'émeraude vous invitera à réfléchir de manière positive et à vous engager à nouveau dans une voie plus noble.

Iolite

IDÉALE POUR :
Stimuler vos facultés psychiques, l'inspiration créative et les points de vue originaux.

ASPECT :
Bleu violet ou indigo, et translucide, mais devient jaune ou grise selon l'angle sous lequel on la regarde.

La iolite, pierre qui améliore la clairvoyance, était utilisée par les explorateurs vikings pour trouver leur chemin à travers les océans. Ils se servaient d'une fine lamelle de ce cristal aux couleurs changeantes comme première lentille polarisante au monde pour éclaircir un ciel brumeux et leur permettre de voir la position du soleil, même par temps nuageux, afin de les aider à naviguer avec précision lors de leurs voyages.

La iolite stimule le troisième œil, ce qui permet à l'intuition d'être plus claire, ainsi qu'une compréhension profonde de votre être intérieur et une prise de conscience psychique. Elle vous connecte aux royaumes supérieurs pour vous guider et vous aide à voyager dans vos vies antérieures. Allongez-vous dans une position détendue en tenant un morceau d'iolite purifiée dans votre main. Demandez-lui de redonner de l'énergie à votre aura et d'aligner vos chakras. Placez ensuite la iolite sur votre troisième œil pour encourager une connaissance intérieure profonde et une conscience éveillée. Abandonnez la peur de l'inconnu et le besoin de contrôler vos expériences intérieures ; la iolite vous révélera alors les parties perdues de votre âme pour vous aider

à avancer dans votre voyage spirituel.

Vous pouvez aussi vous asseoir paisiblement, en posant votre regard sur un fragment d'iolite, en laissant ses couleurs changer lorsque vous faites doucement rouler la pierre dans vos paumes. Respirez profondément et laissez-la devenir votre muse créative, invitant ainsi des idées inattendues et mystiques, l'inspiration et une expression artistique plus foisonnante.

Connue comme la pierre des sorcières, la iolite est puissante et peut être utilisée dans les rituels des déesses, pour perfectionner la création de sorts et augmenter vos pouvoirs magiques de manifestation. Bien souvent utilisée dans les cérémonies chamaniques, cette gemme permet d'entreprendre un voyage intérieur ou une quête de vision afin de découvrir la vérité sur votre âme et votre but ici sur terre. Associez la iolite à l'onyx pour une protection spirituelle et un ancrage, car faire appel à cette pierre seule peut donner le sentiment d'être hors de son corps une fois le travail fini.

La iolite vous aide à échapper aux distractions et à vous concentrer sur ce qui est le plus important dans votre profession et votre vie. Sur votre lieu de travail, elle peut favoriser un meilleur échange d'idées et des méthodes différentes sur lesquelles tout le monde peut s'entendre. Si vous avez des difficultés à établir des liens avec les autres, elle vous aidera à accéder à leur profondeur cachée ou à trouver une autre façon d'envisager les problèmes.

Rechargez la iolite à la lumière naturelle.

Lapis-Lazuli

IDÉAL POUR :
Les rêves prophétiques, la clairvoyance et développer les communications interdimensionnelles.

ASPECT :
Un bleu roi profond moucheté de fragments dorés de pyrite de fer.

Scintillant comme le ciel étoilé, le lapis-lazuli est constitué d'un mélange de pierres comprenant de la calcite, de la lazurite, de la sodalite et de la pyrite. Sa couleur bleu céleste était très appréciée des civilisations anciennes qui croyaient qu'elle contenait le pouvoir des dieux. Elle était fréquemment utilisée pour la fabrication de bijoux et comme colorant bleu outremer pour les robes des prêtres et de la royauté. De nombreux rois et reines d'Égypte, dont le roi Toutankhamon, faisaient orner leurs tombeaux de lapis-lazuli. Ils le portaient également sous forme d'ombre à paupières pour améliorer leur vue, comme le suggèrent les images du traité *Papyrus Ebers*.

Le lapis-lazuli est une pierre puissante qui permet de renforcer vos pouvoirs psychiques. Placez un fragment sur la zone du troisième œil en méditation, il ouvrira ce chakra et augmentera vos capacités de clairvoyance et d'aide à la guérison. Méditez souvent avec le lapis-lazuli et il vous inspirera des idées sous forme de visions, de sagesse spirituelle et de conseils intuitifs. En travaillant régulièrement avec lui, vos rêves deviendront riches de prophéties et de sens.

Le lapis-lazuli équilibre également le chakra de la gorge, encourageant l'honnêteté et la compassion dans vos communications, et libérant la colère due à l'incapacité passée de vous exprimer pleinement. Porter un lapis-lazuli à ce niveau vous aidera à faire face à la vérité avec acceptation et grâce, et vous permettra de partager votre opinion avec les autres et d'encourager l'écoute active, en harmonisant les conflits.

Cette pierre est un puissant talisman de protection qui arrête et renvoie les attaques psychiques à son expéditeur et mobilise les esprits gardiens pour vous garder en sécurité, surtout lorsque vous entreprenez un voyage mental intérieur. Méditer avec cette pierre ou la porter n'importe où sur le corps au-dessus du diaphragme soulagera le stress et apportera un profond sentiment de paix et de sérénité. Elle atténue les maux de tête, les migraines et l'anxiété, calme le système nerveux et aide à résorber les problèmes oculaires ou auditifs. Il suffit de tenir un morceau de lapis-lazuli et d'envoyer sa lumière bleue curative sur la zone affectée, ou de le placer directement sur l'endroit douloureux et de se détendre pendant qu'il apaise la douleur.

Si vous êtes très attiré par le lapis-lazuli, vous avez peut-être eu une vie antérieure dans l'une des anciennes cultures, y compris l'Atlantide ou Sumer. Utilisez un morceau de ce cristal pour voyager dans votre esprit vers ces vies passées afin de découvrir les origines galactiques de l'humanité et de communiquer avec des êtres d'autres dimensions.

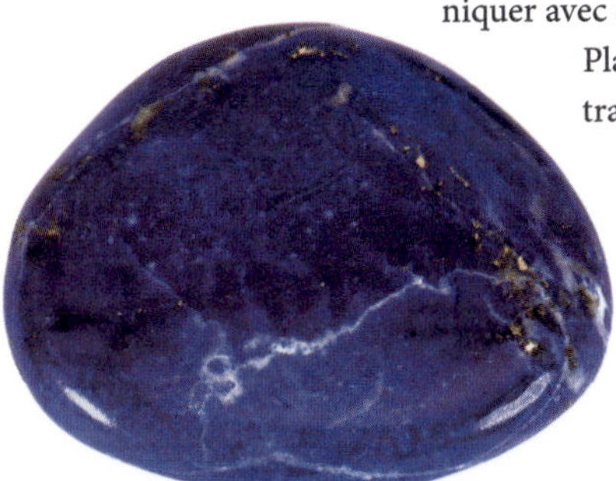

Placez du lapis-lazuli sur votre lieu de travail pour rester fidèle à vos principes, inspirer confiance aux autres et obtenir une promotion.

Onyx

IDÉAL POUR :
L'ancrage, voir l'avenir, les évaluations psychométriques.

ASPECT :
Noir avec des bandes blanches ou des petites taches comme celles des ongles, le plus souvent poli.

L'onyx est une pierre ancienne qui était souvent enchâssée dans les épées et les armures des guerriers pour leur donner force et vigueur au combat. Il était associé aux sorciers et aux magiciens pour son utilité divinatoire et en magie. On l'utilise encore de nos jours dans les rituels comme pierre d'ancrage. Il active le chakra de base et crée un bouclier protecteur pour quiconque ouvre ses voies psychiques lors d'un tirage de tarot, de services de médiumnité ou de conseil spirituel.

L'utilisation de l'onyx pour centrer votre énergie et vous aligner sur une guidance supérieure au début d'une méditation peut permettre à votre esprit de se libérer et de voyager vers le futur pour voir ce qui pourrait se produire. L'onyx développera votre intuition et votre instinct pour ce qui est bon pour vous. Travailler avec l'onyx vous encouragera à prendre l'entière responsabilité de votre vie,

avec confiance, énergie et force pour tout traverser, même les périodes les plus éprouvantes. Placez une pierre d'onyx dans votre maison pour absorber la tristesse, mettre fin aux cauchemars et à la peur du noir.

Si une personne porte de l'onyx en bijou, celui-ci peut être utilisé pour une évaluation psychométrique puisqu'il garde en lui la mémoire physique et sera capable de révéler l'histoire de son propriétaire à quiconque est sensible à son énergie. Pour les soins énergétiques, tenez un onyx en main et il vous guidera vers un endroit du corps qui a été blessé au cours d'une vie antérieure. Positionné à cet endroit, l'onyx absorbera la mémoire stockée de ce traumatisme et enverra une énergie universelle pour l'aider.

Méditer régulièrement avec de l'onyx encouragera la maîtrise de soi, le dynamisme et la prise de décisions judicieuses. Il vous soutiendra dans tous les changements de votre vie en vous guidant vers ce qui est le meilleur chemin pour vous en ce moment. Il peut également vous aider à mieux vous concentrer et à garder la tête froide, en particulier en cas de conflit drainant votre énergie.

Les soins par l'onyx peuvent vous faire retrouver la santé, surtout si vous avez travaillé trop dur ou si vous avez été malade, car on pense qu'ils renforcent votre système immunitaire, favorisent la régénération cellulaire et aident votre corps à mieux assimiler les nutriments.

Connectez-vous à ce cristal si vous voulez essayer le *channeling* ou l'écriture automatique. En plus de vous protéger contre les énergies indésirables, il vous apportera la clarté, l'énergie et la force positive nécessaires pour que les messages les plus élevés vous viennent à l'esprit, en toute sécurité.

Rechargez l'onyx à la lumière du soleil pour augmenter ses pouvoirs.

Jaspe rouge

IDÉAL POUR :
La radiesthésie, le ressourcement de soi et des autres, le voyage chamanique, se rappeler ses rêves.

ASPECT :
Parfois d'une seule couleur, allant du brunâtre au rouge brique en passant par le rouge coquelicot vif, il peut présenter des motifs avec quelques inclusions brunes ou noires.

Facile à sculpter, le jaspe était l'un des cristaux les plus populaires pour la fabrication de sceaux et d'amulettes. Dans l'Égypte ancienne, Marc Antoine possédait une bague sceau en jaspe rouge avec laquelle il marquait ses lettres à Cléopâtre. Pour les Premières Nations américaines, le jaspe était considéré comme le sang sacré de la terre. Ces peuples indigènes le trouvaient particulièrement utile pour se connecter à la terre afin d'y puiser de l'eau, et de nombreuses autres cultures le vénéraient également comme un « faiseur de pluie ».

Connu aussi comme « le bienfaiteur suprême », le jaspe rouge nous fait sentir à nouveau nous-mêmes et nous donne envie de nous entraider. En méditant avec lui, on a l'impression d'être enveloppé d'une étreinte réconfortante, parfaite pour s'ancrer et se plonger dans un état méditatif profond. Tenez le jaspe rouge pendant la méditation ou le voyage chamanique pour vous sentir connecté et nourri par la Terre mère.

Il vous aidera à vous souvenir de vos rêves ou des images que vous avez vues, afin que vous puissiez réfléchir à toute information qui pourrait être pertinente pour votre vie à ce moment-là.

Il aligne tous les chakras et harmonise les côtés masculins et féminins, apportant satisfaction et tranquillité dans tous les domaines de votre vie. Cet alignement améliore le voyage astral, la fonction de chaque chakra jouant un rôle dans celui-ci. Placez un morceau de jaspe sur votre plexus solaire et votre chakra du cœur pour vous protéger avant d'entreprendre toute expérience extracorporelle afin que celui-ci vous protège.

Le jaspe met de la détermination et de l'organisation dans les projets, de la rapidité d'esprit et du courage pour résoudre les problèmes, et de l'honnêteté avec soi-même dans toutes les situations. À la maison, il absorbera les énergies négatives, notamment la pollution et les radiations électromagnétiques.

Portez du jaspe si vous voulez mieux aider les autres, car il vous permettra de prendre soin de vous d'abord et de partager ensuite cet amour avec tous. Il vous sensibilise à vos besoins les plus profonds et à ceux des autres, ainsi qu'au pouvoir que vous avez de combattre la solitude et l'isolement en étant ouvert. Utilisez le jaspe rouge pour accroître la passion dans votre vie amoureuse, activer votre imagination et aider à concrétiser vos idées.

Au début de l'histoire des États-Unis, le jaspe était utilisé pour prédire l'avenir, avec le jaspe rouge pour les visions prophétiques de ce qui pourrait arriver et le jaspe noir en boule de cristal pour la divination.

Rubis

IDÉAL POUR :
La divination dans une boule de cristal, accroître l'abondance, la passion et l'énergie.

ASPECT :
Différents tons de rouge allant du rouge clair transparent, au rouge framboise ou au rouge profond le plus précieux, teinté d'une touche de bleu.

D'un rouge vif comme le soleil, les rubis sont pleins de l'énergie et de la vitalité du flambeau du jour, qui se transmet à quiconque le porte ou travaille avec lui. Considéré comme plus précieux que les diamants par les anciens, l'empereur mongol Kublai Khan aurait offert une ville entière en échange d'un grand rubis. Depuis toujours associés à la noblesse et à l'amour durable, ils symbolisent le 40e anniversaire de mariage.

Puissant protecteur contre les énergies négatives, le rubis vous encourage à suivre votre chemin vers la plénitude en ouvrant le chakra du cœur et en vous aidant à apprécier les plaisirs sensuels du monde physique. Cette gemme vous apportera la passion et l'enthousiasme pour la vie et l'amour, en attirant des partenaires sexuels vers vous, et en activant également le chakra de la racine. Elle augmentera votre niveau d'énergie, vous motivera à agir sur vos objectifs et vous remplira d'un grand sens de la responsabilité. Avec le rubis, toute colère réprimée peut être transmutée pour que vous puissiez avancer sans crainte.

Pensée pour refléter la lumière de l'âme, cette pierre amplifie également vos talents innés et votre capacité à réussir.

Les anciens croyaient que le rubis étoilé contenait trois anges ou esprits pour vous aider sur votre chemin. Cette variété de rubis contient naturellement une étoile à six branches, sur laquelle vous pouvez concentrer votre regard pour y chercher la lumière sur le passé, le présent ou l'avenir. Asseyez-vous à la lumière d'une bougie en tenant votre rubis étoilé à la main. Regardez attentivement l'endroit où les lignes se croisent et laissez les images apparaître dans votre esprit ou se former sur le cristal lui-même. Ce sont des symboles et des messages puisés dans les archives akashiques, où sont consignées toute la sagesse et les histoires de l'humanité. Sentez intuitivement ce qu'ils signifient pour vous, ou prenez des notes et faites des recherches sur leur symbolique.

De nombreux guérisseurs utilisent le rubis étoilé en particulier pour envoyer une énergie vibratoire élevée dans le corps d'un patient, surtout à la pleine lune, lorsque les pouvoirs d'aide à la guérison de cette pierre précieuse sont encore plus puissants. Le rubis augmente généralement les rêves lucides, vous aide à comprendre ce que vous voyez en songe, et à déchiffrer les significations derrière le symbolisme.

Pour une méditation énergisante, allongez-vous avec le rubis sur votre cœur. Il stimulera votre circulation, votre flux sanguin et votre système lymphatique, augmentera votre endurance et vous remplira d'une force de vie dynamique.

Revitalisez votre rubis en l'essuyant doucement avec un chiffon doux puis en le laissant sous la lumière des étoiles pendant la nuit.

Saphir

IDÉAL POUR :
Canaliser la sagesse et les pouvoirs d'aide à la guérison des êtres supérieurs, augmenter les facultés psychiques, la manifestation.

ASPECT :
Étincelant, généralement bleu vif, mais aussi jaune, vert, violet et rose. Semblable au rubis étoilé, le saphir étoilé possède une formation étoilée en son sein.

Cette puissante « pierre de sagesse » a été le cristal le plus prisé de tous, à travers les âges, car il est porteur de révélations spirituelles, de prophétie et de bonne fortune. Dans les cultures anciennes, le saphir bleu céleste était le symbole d'un espoir et d'une foi incroyables. Les bouddhistes croyaient qu'il stimulait l'éveil spirituel, tandis que les hindous ajoutaient le saphir aux offrandes des temples pour aligner les influences astrologiques.

Utilisé à l'origine pour l'aide à la guérison spirituelle, le saphir libère l'esprit et évacue le stress, ce qui favorise l'apprentissage et la compréhension. Il rétablit l'équilibre du corps et la sérénité de l'esprit. Avec sa capacité à transcender toute forme de négativité, le saphir est une puissante aide à la guérison lorsqu'il est bien employé dans les séances de soin et qu'on le charge d'une intention et d'une volonté suffisamment précises.

On peut en outre utiliser le saphir pour se connecter aux anges ou à une source d'énergie, peut-être même à des êtres extraterrestres, et canaliser cette conscience supérieure pour une meilleure aide à la guérison du corps et de l'esprit. Ce pouvoir est encore plus amplifié en présence de chants, de musique ou simplement si l'on fredonne un air, en lui apportant une douce note d'expression personnelle.

On croit que le saphir étoilé renferme les anges de la foi, de l'espoir et de la destinée, connus pour partager leur savoir avec quiconque scrute suffisamment longtemps la croisée des lignes de l'étoile. Comme le rubis étoilé, le saphir vous apporte des connaissances prophétiques et augmente votre clairvoyance et votre clairaudience. Il vous aide à concentrer vos pensées et à pressentir les intentions des autres, ce qui stimule votre intuition et vous permet de vous mettre au diapason de votre propre sagesse et vérité profonde. Le travail avec le saphir étoilé nous montre que ce que nous manifestons est le reflet de notre propre essence, alors gardez-la pure, douce et joyeuse.

Les chakras de la gorge et du troisième œil sont activés par le saphir bleu, ce qui vous aide à rester discipliné sur votre chemin spirituel et à communiquer vos idées, opinions, objectifs et désirs, clairement et avec précision, pour les réaliser. Méditer régulièrement avec ce cristal aide à se souvenir de ses vies antérieures et à prendre conscience des leçons qu'elles vous ont enseignées. Il vous aide également à voyager dans l'astral pour que vous puissiez être transporté dans d'autres endroits lorsque vous rêvez, pour ramener la connaissance de tout ce que vous avez vu.

Le saphir allège les souffrances mentales ou les névroses, y compris la dépression, et ramène la lumière dans votre vie. Son énergie calme et équilibrante nous encourage à mener une vie plus heureuse où tous nos rêves peuvent se réaliser.

Créer votre assortiment de cristaux

Vous pouvez facilement créer votre propre assortiment de cristaux divinatoires à partir d'une sélection de diverses pierres colorées. Vous pourrez alors en tirer quelques-uns au hasard lorsque vous avez besoin de répondre à une question.

Commencez par onze cristaux, soit un pour chacune des principales couleurs : noir, blanc, marron, gris, violet, rose, rouge, bleu, orange, jaune et vert. Choisissez-les semblables en taille, forme, plutôt petits et polis afin qu'ils soient tous lisses. Conservez-les dans un petit sachet à cordon de sorte que vous puissiez les attraper facilement lorsque vous faites un tirage ou une consultation.

Installez-vous à un endroit confortable et posez votre question personnelle ou formulez à voix haute le problème d'une autre personne. Mettez votre main de pouvoir (la main dominante) dans le sachet et prenez trois cristaux, un à la fois – ou demandez à la personne d'effectuer elle-même son tirage. Ne regardez pas dans le sac, mais choisissez la pierre qui vous semble la bonne ou celle qui vous attire le plus physiquement. Placez les cristaux que vous avez choisis devant vous pour déterminer leur signification.

À mesure que vous ajoutez de nouvelles pierres à votre collection et que vous trouvez de nouvelles teintes d'une même couleur ou des pierres de la bonne taille, vous pourrez alors en sélectionner jusqu'à six pour obtenir une réponse à votre interrogation.

DÉTERMINER LA SIGNIFICATION DE CHAQUE CRISTAL

Tenez les cristaux que vous avez choisis dans la paume de votre main, dans n'importe quel ordre, pour vous connecter intuitivement à leur message. Pour chaque pierre, fermez les yeux et laissez les images et les mots venir à vous. Commencez votre tirage avec ces impressions puis consultez la signification de chaque pierre selon la sagesse populaire, ou ancienne, présentée dans la liste ci-dessous, qui comprend la plupart des minéraux présentés dans ce livre.

SÉLECTION JOURNALIÈRE

Vous pouvez également choisir un cristal chaque matin pour connaître l'énergie de la journée à venir, ou obtenir une guidance sur ce qui va se passer. Gardez-le sur vous comme un porte-bonheur à mesure que vous vaquez à vos occupations.

QUE SIGNIFIE CHAQUE GEMME ?

AMBRE

Votre investissement pourrait être enfin reconnu et le succès arrive. Prenez le temps de décider comment vous voulez le mettre à profit pour le mieux.

AMAZONITE

Prenez les devants et battez-vous pour ce en quoi vous croyez. Vous êtes en position de pouvoir pour combattre les injustices.

AMÉTHYSTE

Vous traversez un grand changement de vie et vous avez été stressé dernièrement. Soyez bienveillant et tendre avec vous-même jusqu'à ce que vous ayez plus d'énergie.

AMÉTRINE

Votre intuition est forte et vous sentez que vous devez vous impliquer, négocier pour les autres, et ne pas vous laisser marcher sur les pieds.

AMÉTRINE

Votre intuition est forte et vous sentez que vous devez vous impliquer, négocier pour les autres, et ne pas vous laisser marcher sur les pieds.

ANGÉLITE

Des amis ou des collègues se livrent à des commérages pour prendre le dessus sur l'autre ? Vous pouvez être appelé à arbitrer et à pacifier la situation.

AIGUE-MARINE

Il est temps d'élargir vos horizons avec de nouveaux amis et de voyager soit physiquement, soit en imagination en élargissant votre conscience spirituelle.

ARAGONITE

Si vous vous attendiez à plus de chance ou de liberté, soyez patient. Une aide inattendue est en route.

AZURITE

Vos pouvoirs psychiques se renforcent et vous pourriez bientôt être en mesure d'aider les autres. Laissez vos rêves et votre intuition ouvrir la voie.

TOURMALINE NOIRE

Réfléchissez davantage à cette question déroutante et vous obtiendrez une meilleure compréhension et une plus grande clarté quant à la meilleure solution à adopter.

OBSIDIENNE NOIRE

Vous avez beaucoup de pouvoir à votre disposition tant que cela ne vous dérange pas d'entreprendre de réels changements. Laissez les bouleversements du passé derrière vous, car le bonheur est à l'horizon.

CALCITE BLEUE

Restez calme et faites preuve de diplomatie en ce moment, même face aux provocations qui sont difficiles à tolérer.

AGATE BLUE LACE

Il est temps d'aborder le sujet sincèrement et de faire un point. Le résultat sera probablement positif.

CÉLESTINE
Ne vous inquiétez pas de ce qui pourrait se produire ou non. Cela vous empêche de vivre en conscience et de profiter du moment présent, car c'est de là que le meilleur viendra.

CITRINE
Vos talents créatifs peuvent s'avérer prospères, alors communiquez clairement vos inspirations. Le moment est venu d'essayer de nouvelles activités pour susciter la joie.

QUARTZ BLANC
Il est temps d'être optimiste quant à votre santé, votre richesse et votre bonheur. C'est une excellente occasion de prendre un nouveau départ.

ÉMERAUDE
Vous avez du succès et les autres n'aiment pas ça, mais restez fort, car leur jalousie passera.

FLUORITE
Claire : vous aurez bientôt plus de clarté sur qui ou quoi choisir pour être heureux.
Verte : il est temps d'entrer en contact avec votre moi spirituel en passant du temps près de l'eau.

AVENTURINE VERTE
Vous allez être pris d'une inspiration soudaine pour une nouvelle entreprise lucrative. Parlez des ressources ou du soutien dont vous avez besoin pour concrétiser votre idée.

HÉMATITE
Profitez de l'instant présent et de nouvelles opportunités se présenteront à vous. Ne cédez pas aux vieilles habitudes qui bloquent l'abondance.

IOLITE
Ce nouvel ami ou ce nouveau membre de la famille représente bien plus que ce que vous imaginez. Vous pouvez vous permettre d'approfondir votre relation avec cette personne.

IOLITE

Ce nouvel ami ou ce nouveau membre de la famille représente bien plus que ce que vous imaginez. Vous pouvez vous permettre d'approfondir votre relation avec cette personne.

JADE

Toute personne même quand elle fait des siennes mérite de la compassion. Si elle est difficile à gérer, c'est peut-être qu'elle se sent inadaptée, malheureuse ou honteuse.

JAIS

Vous devez vous affranchir de la douleur et de l'angoisse du passé et vous protéger contre toute nouvelle négativité. Prenez le temps de le faire seul avec vous-même.

LABRADORITE

Profitez de cette période pour vous rendre par vos propres moyens à l'endroit où vous avez toujours voulu aller. Vous pouvez faire cavalier seul, même pour des raisons professionnelles.

LAPIS-LAZULI

Passez au-dessus des mesquineries en vous en tenant à vos principes et à ce qui est vrai et juste pour vous.

MALACHITE

C'est peut-être le moment de vous montrer ferme. Il se peut que vous ressentiez une pression extérieure qui vous contraint à agir d'une certaine manière. Suivez votre cœur et faites ce qui est bon pour vous.

MOLDAVITE

Si cette situation vous donne le sentiment d'être déconnecté du monde matériel, n'ayez crainte. Vous avez un chemin unique à suivre et des compétences particulières à partager.

PIERRE DE LUNE

Vous vous faites des illusions sur quelque chose ? Ou vous cache-t-on quelque chose dans votre entourage ? Faites attention à vos rêves et écoutez attentivement votre intuition.

Index des cristaux

Lectures complémentaires

Le guide magique des cristaux, Yulia Van Doren, Éditions Médicis, 2021

Ces pierres qui soulagent, Philip Permutt, Guy Trédaniel éditeur, 2019.

Ces cristaux qui nous soignent, Judy Hall, Guy Trédaniel éditeur, 2019.

Agir avec les cristaux, Kathryn Hudson, Éditions Exergue, 2019.

Le petit guide complet des cristaux, Jennie Harding, Éditions Médicis, 2019

430 pierres aux vertus thérapeutiques, Michael Gienger, Guy Trédaniel éditeur, 2018.

L'Énergie des matrices de cristaux, Philip Permutt, Le Courrier du Livre, 2018

Cristaux et Reiki, Philip Permutt, Le Courrier du Livre, 2015

La Bible des cristaux, volumes 1, 2 et 3, Judy Hall, Guy Trédaniel éditeur, 2013.

250 cristaux aux vertus thérapeutiques, Angela Gentner, 2012

Entrez dans le monde des cristaux, Judy Hall, Guy Trédaniel éditeur, 2011.